A. Krönig

Wie kritisiert man chemische Lehrbücher?

Eine Antikritik

A. Krönig

Wie kritisiert man chemische Lehrbücher?
Eine Antikritik

ISBN/EAN: 9783743398719

Hergestellt in Europa, USA, Kanada, Australien, Japan

Cover: Foto ©Thomas Meinert / pixelio.de

Manufactured and distributed by brebook publishing software
(www.brebook.com)

A. Krönig

Wie kritisiert man chemische Lehrbücher?

Wie kritisirt man chemische

von

Prof. Dr. A. Krönig,

Verfasser der „Chemie bearbeitet als Bildungsmittel für den Verstand"

Wie kritisirt man chemische Lehrbücher?

Eine Antikritik

von

Prof. Dr. A. Krönig,

Verfasser der „Chemie bearbeitet als Bildungsmittel für den Verstand".

Berlin 1865.

Verlag von Julius Springer.

Vorwort.

In meiner nachfolgenden Antikritik war ich vielfach
gezwungen, auf allgemeine Fragen über die Abfassung
chemischer Lehrbücher und über die Methode des
chemischen Unterrichts näher einzugehen. Ich hoffe
deshalb, dass diese kleine Schrift vielleicht auch für
solche Leser von Interesse sein wird, die weder von
meinem Buche noch von den besprochenen Recensionen
desselben Kenntniss genommen haben.

Wohl bin ich mir bewusst, dass unter den vor-
getragenen Ansichten manche von den herrschenden
sehr verschieden sind. Allein ich hoffe, dass diese ein
ähnliches Schicksal haben könnten, wie es meinen im
Jahre 1856 veröffentlichten „Grundzügen einer Theorie
der Gase" zu Theil geworden ist. Herr Professor
Magnus hatte die Güte gehabt, dieselben der Berliner
Akademie der Wissenschaften vorzutragen. Hier wurden sie jedoch nicht günstig aufgenommen, und die

Akademie erklärte sie zur Veröffentlichung in ihren Monatsberichten für nicht geeignet. Da war Herr Professor Poggendorff so freundlich, sie in seine Annalen aufzunehmen. Sieben Jahre später hatte ich die Genugthuung, in dem Aufsatze von T. Graham „über die moleculare Beweglichkeit der Gase" zu lesen, dass die von mir angenommene „innere Beweglichkeit der Gasmolecüle gegenwärtig allgemein als eine wesentliche Eigenschaft des Gaszustandes der Materie angesehen wird."

Zu der ausgesprochenen Hoffnung ermuthigt mich das günstige Urtheil, welches Herr Professor Bolley im ersten Bande der schweizerischen polytechnischen Zeitschrift über mein Buch gefällt hat.

Berlin, im November 1864.

Der Verfasser.

§ 1.
Eine Hypothese.

In der Zeitschrift für Chemie und Pharmacie Band VII. Seite 222 ist eine von Herrn Dr. Lexis abgefasste Recension der ersten Hälfte meiner „Chemie, bearbeitet als Bildungsmittel für den Verstand" (Berlin 1864) enthalten. Ueber die Entstehungsgeschichte dieser mir erst jetzt zu Gesicht gekommenen Recension möchte ich mir erlauben, die folgende Vermuthung zu äussern. Nach Empfang meines Buches hat Herr Lexis sich dessen Titel angesehen und wohl eingeprägt. Dann legte er das Buch für lange Zeit bei Seite, vergass es aber nicht, unterzog vielmehr den stets vor seinem Geiste schwebenden Titel desselben einer sehr reiflichen und gründlichen Erwägung. Eine Reihe von Folgerungen war deren Resultat. Endlich hielt es Herr Lexis doch auch für nöthig für seine aus dem Titel des zu recensirenden Buches gezogenen Folgerungen einige Belege in dem Buche selbst aufzusuchen. Hierzu bedurfte es für ihn einer Zeit von 10 Minuten. Nach Verlauf derselben sah sich Herr Lexis im Besitz des ganzen Materials, welches ihm zur Abfassung seiner Recension nöthig schien.

Dies alles ist natürlich von meiner Seite nur eine Hypothese. Aber ich werde versuchen zu zeigen, dass derselben ein hoher Grad von Wahrscheinlichkeit zukommt.

§ 2.
Handgreiflichster Irrthum.

Meine Annahme, dass Herr Lexis nur etwa zehn Minuten lang mein Buch durchforscht oder vielmehr durchblättert haben kann, muss gewagt erscheinen. Ich will desshalb suchen, zur Rechtfertigung derselben sogleich einen schlagenden Beweis vorzuführen. Herr Lexis sagt: „Der Verfasser nennt Molecül, was die meisten Chemiker Atom nennen." Nun bemerke ich auf Seite 5 meines Buches ausdrücklich, dass es mir angemessen scheint, dem Worte Atom die von den Chemikern ihm beigelegte Bedeutung zu lassen. Ausserdem wird das Wort Atom in meinem Buche sehr häufig gebraucht. Hätte Herr Lexis nur eine einzige dieser zahlreichen Stellen, ja hätte er nur den Satz, den er citirt, und zu welchem er als Anmerkung seine eben genannten Worte hinzufügt, zu verstehen gesucht, so hätte ihm klar werden müssen, dass ich unter Atom ganz dasselbe verstehe wie nicht blos die meisten, sondern alle mir bekannt gewordenen Chemiker, die das Wort überhaupt gebrauchen.

Dagegen verwende ich das Wort Molecül allerdings in einer bisher nicht üblich gewesenen Bedeutung.

§ 3.
Die Chemie eine werdende Wissenschaft.

Aus dem Titel meines Buches schliesst Herr Lexis auf einem Wege, den er leider nicht mittheilt, dass ich die Chemie nicht als eine werdende, sondern als eine abgeschlossene Wissenschaft darstelle. Er sagt: „Die Chemie ist eine noch werdende Wissenschaft; sie bietet nicht, wie etwa die lateinische Grammatik, ein gewisses abgeschlossenes Material, aus dem man mit aller Sicherheit unzweifelhaft richtige, allgemeine Sätze abstrahiren könnte. Die Ideen befinden sich in ihr fortwährend im Flusse, und wenn man ohne Rücksicht darauf auch noch zweifelhafte Sätze den Schülern als absolut einprägt, so läuft man Gefahr, den formalen Vortheil mit einem realen Nachtheil erkaufen zu müssen."

Zum Belege dafür, dass ich die Chemie ganz so, wie Herr Lexis es will, als eine Wissenschaft dargestellt habe, deren Resultate, weil sie nur auf der Erfahrung beruhen, durch neue Erfahrungen immerfort geändert werden können, will ich nur die beiden folgenden Stellen meines Buches anführen. „In der Chemie, welche sich nur auf die Erfahrung oder auf Versuche stützt, kann man offenbar nicht behaupten, dass ein Körper einfach, das heisst unzerlegbar ist. Es ist sehr gut möglich, dass ein Körper, den man bisher für einfach gehalten hat, durch eine neue Entdeckung sich als zerlegbar erweist." (Seite 41.) „Es kommt häufig vor, dass es den Bemühungen der Chemiker gelingt, einen Körper, den man früher nur vermittelst des pflanzlichen oder thierischen Organismus zu erhalten wusste, durch neu entdeckte Experimentirmethoden aus freien Elementen darzustellen." (Seite 257.)

Der Beweis dafür, dass ich in der von ihm als unzulässig bezeichneten Art verfahre, wird Herrn Lexis natürlich sehr leicht. Er braucht nur irgend ein von mir ausgesprochenes Gesetz, welches auch Ausnahmen erleidet, herauszugreifen und dann zu übersehen, dass ich ausser dem Gesetze auch die von demselben stattfindenden Ausnahmen genannt habe. Er sagt: „Es wäre gewiss sehr wünschenswerth, wenn die sauer, basisch oder indifferent genannten Körper durch so leichte und einfache Definitionen erschöpfend charakterisirt werden könnten, wie sie der Verfasser giebt; aber streng genommen treffen die allgemeinen Erklärungen dieser Art nie vollkommen zu, werden sogar in manchen Fällen geradezu unrichtig." Ich kann mir diesen Satz des Herrn Lexis nicht anders als durch die Annahme erklären, dass er die Seite 42 meines Buches zwar gelesen hat, nicht aber die gegenüberstehende Seite 43, noch viel weniger die Seiten 60 und 122. Auf letzterer heisst es: „Es giebt manche Körper, welche einer entschiedenen Base gegenüber die Rolle einer Säure spielen, einer entschiedenen Säure gegenüber aber als Basen zu betrachten sind."

Es ist aber auch möglich, dass ich hier Herrn Lexis Unrecht thue; denn in seiner Kritik heisst es weiter: „Bedenkt man nun, dass die ersten Auffassungen, besonders wenn sie mit scharfer Pädagogik eingeprägt werden, ausserordentlich stark haften, so muss man befürchten, dass in den Köpfen der Schüler durch diese chemische disciplina mentis Vorurtheile erzeugt werden, die bei dem späteren selbstständigeren Studium häufig eine schlimme Verwirrung anrichten können." Herr Lexis wird mir entgegnen, dass er die Seiten 43, 60 und 122 meines Buches mit derselben Aufmerksamkeit gelesen hat, wie die Seite 42, dass aber der Inhalt von Seite 42 im Gedächtnisse des Schülers bei weitem fester haften muss, wie der Inhalt von Seite 43, welcher ihm erst nach demjenigen von Seite 42 mitgetheilt wird, und dass demzufolge die Seiten 43, 60 und 122 nie wieder gut machen können, was Seite 42 verdorben hat. Ich weiss hierauf nichts zu erwidern. Wie Herr Lexis irgend einen beliebigen Unterricht eingerichtet haben will, ob er es etwa für zweckmässig hält, die Ausnahmen früher wie die Regel den Schülern mitzutheilen, oder auf welche andere Weise Herr Lexis dem Uebelstande vorbeugen will, dass nach seiner Vorstellung der Schüler das später Erlernte immer zuerst wieder vergessen muss, — dies alles ist mir gänzlich unklar.

§ 4.
Meine Atomgewichte und Formeln.

Ganz besonders und mehr, als dies in anderen chemischen Lehrbüchern üblich ist, habe ich in meinem Buche darauf hingewiesen, dass nicht allein die von mir angenommenen Molecüle, sondern auch die Atomgewichte und chemischen Formeln nur hypothetischer Natur seien. So sage ich auf Seite 5: „Dass alle Körper aus solchen (gleich schweren) Molecülen bestehen, lässt sich nicht beweisen. Warum man es dennoch für wahr hält, wird sich später ergeben." Auf Seite 324 ist die Rede „von der durchaus entbehrlichen Hypothese, nach welcher jedes Atom aus einer bestimmten Anzahl von gleich schweren, untheilbaren Molecülen bestehen soll." Ferner heisst es auf Seite 323: „Es versteht sich überhaupt, dass die Lehre von den

Atomen und Molecülen nur als eine Annahme zu betrachten ist, die zum leichten Wiederauffinden der durch Versuche festgestellten Gewichtszusammensetzung der Verbindungen dient." Solchen Thatsachen gegenüber schreibt Herr Lexis: „Wir haben bei dieser Bemerkung" (darüber, dass ich den Schülern noch zweifelhafte Sätze als absolut einpräge) „namentlich die vom Verfasser angewandten Atomgewichte im Auge. Ob es zweckmässig sei, in der gegenwärtigen Uebergangsperiode in einem Elementarbuche die Atomgewichte auf Grund der Annahme $H = 2$ und $O = 32$ ohne jede Erläuteruug umzugestalten, ist mindestens fraglich. Was soll der Schüler denken, wenn er in allen anderen üblichen Lehrbüchern ganz anders geschriebene Formeln und Aequivalente findet?" Meine Antwort auf diese Frage ist sehr einfach. Der Schüler soll den § 211 meines Buches studiren. Dort wird gezeigt, dass man jedem Element ein beliebiges Atomgewicht beilegen kann, sobald man nur die Formeln seiner Verbindungen in entsprechender Weise festsetzt, und umgekehrt, dass man jeder Verbindung eine beliebige Formel ertheilen kann, wenn man nur die Atomgewichte der betreffenden Elemente in entsprechender Weise annimmt. Endlich werden — und dies geschieht in keinem andern mir bekannt gewordenen Lehrbuche — dahin gehende Aufgaben gelöst. Mehr kann Herr Lexis in dieser Beziehung mit Billigkeit wohl nicht verlangen.

Ich will gern zugeben, dass von einem etwas niedrigen Standpunkt aus betrachtet, die Aufstellung neuer Atomgewichte als ein sehr gewagtes Unternehmen erscheinen muss. Für denjenigen aber, der die oben erwähnten Stellen meines Buches verstanden hat, besitzt die Vertauschung eines Systems von Atomgewichten der Elemente und von den dazu gehörigen Formeln der Verbindungen gegen irgend ein anderes System ungefähr dieselbe Bedeutung wie der Uebergang von Zollgewicht zu französischem Grammgewicht.

Was übrigens meine Formeln betrifft, so scheint Herr Lexis dieselben für ebenso neu wie meine Atomgewichtszahlen zu halten. Indessen hierin irrt Herr Lexis. Von unwesentlichen Aeusserlichkeiten abgesehen, sind meine Formeln dieselben, welche Berzelius aufgestellt hat und welche unter anderen auch von Mitscherlich, Gerhardt, Limpricht gebraucht und von H. Rose in Poggendorff's Annalen Band 100 Seite 270 mit gewichtigen Gründen vertheidigt worden sind. Ich kann mir bei dieser Gelegenheit nicht versagen, auch eines Herrn Swt., Geistesverwandten des Herrn Lexis, zu gedenken, der in der „Zeitschrift für die gesammten Naturwissenschaften" (Band 23 Seite 254) eine kurze Recension meines Buches hat erscheinen lassen. Herr Swt. sagt: „Ganz entschieden wäre aber zu wünschen gewesen, dass der Herr Verfasser dem jetzigen Standpunkt der Chemie, die seit den Studienjahren desselben manchen Umschwung erfahren hat, mehr Rechnung getragen hätte." Diese Aeusserung soll sich jedenfalls unter anderem darauf beziehen, dass ich die Berzeliusschen Formeln beibehalten habe. Herr Swt. meint offenbar, es sei mir entgangen, dass heutzutage die allermeisten Chemiker, beispielsweise die Formel der Salpetersäure, nicht mehr wie vor zwanzig Jahren N^2O^5, sondern NO^5 schreiben. Ich möchte Herrn Swt. fragen, ob diese seine Vermuthung viel Wahrscheinlichkeit für sich hat. Im Jahre 1851 gab ich ein Journal für Physik und physikalische Chemie des Auslands heraus und dazu als Beilage eine Literatur der Physik und Chemie. Darauf redigirte ich bis 1859, wo meine geschwächte Gesundheit mich zwang, diese Beschäftigung aufzugeben, die Fortschritte der Physik, und fast alles, was während dieses Zeitraums über Chemie geschrieben wurde, ging durch meine Hände. Sollte es mir gelungen sein, die Wahrnehmung der neuen Formel der Salpetersäure von mir gänzlich fern zu halten? Freilich muss ich gestehen, dass ich nicht in jeder Neuerung ohne weiteres einen Fortschritt sehe. So weiss ich in der Einführung der Lehre von den Aequivalenten, sei es zum theilweisen, sei es zum vollständigen Ersatz der Atomtheorie, viel weniger einen Fortschritt als einen Rückschritt der Wissenschaft zu erblicken. Auch die Berzeliusschen Formeln habe ich nicht blindlings abgeschrieben. So ist in meinem Buche als Formel der Kieselsäure nicht SiO^3, sondern SiO^2 angegeben. Es freut mich dies, weil vor kurzem G. Rose die Isomorphie des Mangansuperoxyds und der Kieselsäure entdeckt hat.

Vielleicht werden einige Beispiele Herrn Swt. davon überzeugen, dass mir der Umschwung, den die Chemie seit meinen
Studienjahren erfahren hat, nicht so fremd geblieben ist, wie
er meint. So kann er in meinem Buche Angaben aus den ga-
sometrischen Methoden von Bunsen finden, ferner aus der Arbeit von Roscoe und Dittmar über die Absorption des Chlor-
wasserstoffs und Ammoniaks in Wasser, ferner aus dem Aufsatz
von Roscoe über die Zusammensetzung der wässerigen Säuren
von constantem Siedepunkt, ferner über die von Schönbein
entdeckte Entstehung des salpetrichtsauren Ammoniaks aus
Wasser und Stickstoff, auf deren hohe Wichtigkeit J. v. Liebig
hingewiesen hat.

Herr Swt. nennt weiterhin meine Schreibweise der chemischen Formeln eine inconcinne. Ein Urtheil darüber, ob dieser
Vorwurf begründet ist, will ich mir nicht erlauben. Aber ich
vindicire meinen Formeln einen anderen Vorzug, den der Consequenz. Chemiker, die, sowie es ihnen in jedem einzelnen
Falle passt, die Atomzahlen bald als Coefficienten, bald als
Exponenten schreiben, die das Pluszeichen nach Belieben entweder für eine Verbindung oder für ein Gemenge verwenden,
können schon für concinne Formeln sorgen. Aber ebenso wie
„noblesse oblige“ kann man auch sagen „Consequenz bindet.“
Abweichend von andern Chemikern habe ich für die genannten
Bezeichnungen feste Regeln aufgestellt, und wenn mich diese
Regeln in seltenen Fällen zu einer Schreibweise der chemischen
Formeln zwangen, die Herr Swt. mit Recht inconcinn finden
kann, so vermag ich dies doch eigentlich nicht zu bedauern.

Ich wende mich zurück zu Herrn Lexis, um die von ihm
vermisste Erläuterung über meine Atomgewichte und Formeln,
da er sie aus meinem Buche nicht zu entnehmen wusste, nach-
träglich zu geben. Zu der Aufstellung des von mir benutzten
Systems von Atomgewichten und Formeln veranlassten mich
vornehmlich zwei Gründe.

Erstens empfand ich, wie es auch Herr Lexis ganz richtig
gemerkt hat, den Wunsch, die Atomgewichte aller Elemente
durch ganze Zahlen darzustellen. Zur Erreichung dieses Zieles
gab eine von Dumas in seiner umfassenden Arbeit über die

Atomgewichte der Elemente gemachte Bemerkung*) ein leichtes Mittel an die Hand. Dumas findet nämlich, dass alle bis jetzt mit Sicherheit bestimmten Atomgewichte als Multipla des Gewichts von einem viertel Atom Wasserstoff sich darstellen. Setzt man also $H = 4$, so werden alle Atomgewichte durch ganze Zahlen ausgedrückt. Für $H = 1$ findet Dumas zum Beispiel $Sr = 43{,}75$; für $H = 4$ hat man also $Sr = 175$. Da ich aber meine Formeln nach Berzelius'scher Art schreibe, so musste ich die auf solche Weise erhaltenen Atomgewichte von Wasserstoff, Stickstoff, Chlor und so weiter wieder durch 2 dividiren. Entweder ein günstiger Zufall oder vielleicht auch ein Naturgesetz bringt es mit sich, dass alle diese Zahlen durch 2 theilbar sind. In einer Kurzsichtigkeit, die sich aus meiner Hypothese von § 1 leicht erklärt, hält Herr Lexis daran fest, dass für $H = 1$ und $O = 8$ nicht alle Atomgewichte durch ganze Zahlen ausdrückbar sind. In vorwurfsvollem Tone ruft er mir zu: „Die Beobachtungen stehen der Annahme, dass die Atomgewichte in ganzen Zahlen ausgedrückt werden müssen, entgegen." Dass bei Zugrundelegung von $H = 2$ und $O = 32$ diese Verhältnisse sich ändern können, kommt ihm nicht in den Sinn.

Der zweite Grund, welcher mich zur Aufstellung meiner Atomgewichte und Formeln veranlasste, besteht darin, dass aus ihnen und aus den aufgestellten wenigen einfachen Gesetzen die Dichtigkeiten einer grossen Anzahl von luftförmigen Körpern ausserordentlich leicht zu berechnen sind. Ich kann den letzten Punkt nicht ganz gering anschlagen. Ich betrachte zum Beispiel das gewiss sehr gediegene Lehrbuch der unorganischen Chemie von Gorup-Besanez (Braunschweig 1862). In demselben ist der Besprechung der Volumenverhältnisse bei jedem einzelnen Gase durchschnittlich eine halbe Seite gewidmet. Unter Zugrundelegung der in meinem Buche gegebenen Gesetze würde zur Mittheilung der betreffenden Thatsachen bei jedem einzelnen Gase höchstens eine Zeile erforderlich gewesen sein. Auch überhebt mich mein Verfahren ganz der unangenehmen Noth-

---

*) I. Dumas. Mémoire sur les équivalents des corps simples. Annales de chimie. (3) LV. 136.

wendigkeit von der hypothetischen Dampfdichtigkeit solcher Elemente zu sprechen, die im luftförmigen Aggregatzustande noch nicht dargestellt worden sind.

§ 5.
Ein Normallehrbuch.

Während der langen Zeit, wo Herr Lexis mein Buch nicht seinem Inhalte nach, sondern in Beziehung auf seinen Titel mit anderen ähnlichen verglich, gelangte er zu der ganz richtigen Ueberzeugung, dass es meine Absicht sei, die Erscheinungen der Chemie „auf präcise und scharfe Ausdrücke und Gesetze zurückzuführen," natürlich zu dem Zwecke, um aus den erlangten allgemeinen Resultaten die einzelnen Erscheinungen abzuleiten. Er prüfte nun sorgfältig, ob es überhaupt möglich sei, diese Absicht zu erreichen. Er durchging, nehme ich an, zu dem Zwecke irgend ein ihm wohlbekanntes Lehrbuch der Chemie, stellte die darin enthaltenen Definitionen und Gesetze mit den Thatsachen oder Erscheinungen zusammen und fragte sich, ob die letzteren als Folgerungen aus den ersteren betrachtet werden könnten. Er musste sich diese Frage mit nein beantworten, worin ich ihm nur beipflichten kann.

Es thut mir Leid, dass ich nicht weiss, welches Buch Herr Lexis seiner Untersuchung zu Grunde gelegt hat. Da ich aber über das Resultat derselben mich in so vollkommener Uebereinstimmung mit ihm befinde, so wird er es mir, wie ich hoffe, nicht übel nehmen, wenn ich, um die Ideen zu fixiren, über die Wahl jenes Buches eine bestimmte Annahme mache und unter dieser Annahme dem Gange seiner Exploration ein wenig zu folgen suche. Unter den chemischen Lehrbüchern, die ich eben besitze, wähle ich das neueste. Es trägt die Jahreszahl 1863, ist bestimmt für die Studirenden der Königsberger Universität und gehört gewiss zu den ausgezeichnetsten seiner Art.

Das in Rede stehende Buch beginnt: „Aufgabe der Chemie. Alle wägbaren Körper, von denen man sich eine hinlängliche Kenntniss hat verschaffen können, sind den bisherigen Erfahrungen zufolge auf eine gewisse Anzahl einfacher

Stoffe (Grundstoffe, Elemente) zurückzuführen, d. h. solcher, die mit Hülfe der zur Zeit zu Gebote stehenden chemischen Mittel und Kunstgriffe nicht weiter zerlegt werden konnten. Diese einfachen Körper lehrt die Chemie in Bezug auf ihre Eigenschaften und ihre Verbindung unter einander kennen; sie studirt die Eigenschaften dieser neuen Körper und sucht die . Gesetze auf, nach welchen die Verbindungen stattfinden." Herr Lexis urtheilt hierüber — so erlaube ich mir zu vermuthen — wie folgt. Diese Definition ist zwar ganz schön und richtig. Aber für den Studirenden, welcher mit dem Hören oder Lesen derselben sein Studium der Chemie anfängt, ist sie total unbrauchbar, um in Beziehung auf irgend eine beliebige Naturerscheinung die Frage zu beantworten, ob dieselbe dem Gebiete der Chemie anheimfällt oder nicht. Denn erstens hat jener Studirende von der offenbar ganz neuen Bedeutung, die hier den Wörtern „zurückführen", „zerlegen", „Verbindung" beigelegt wird, nicht die geringste Vorstellung. Zweitens hatte der Studirende wahrscheinlich gehofft, wenn ihm erst die Bedeutung des Hauptwortes Chemie klar geworden wäre, so würde er daraus die Bedeutung des Eigenschaftswortes chemisch ableiten können. Nun aber sieht er, dass er, um die Aufgabe der Chemie zu begreifen, vorher wissen muss, was unter „chemischen Mitteln und Kunstgriffen" zu verstehen ist. Endlich drittens sucht er auch vergebens nach der Antwort auf die nahe liegende Frage, ob auch nichtchemische Mittel und Kunstgriffe zur Zerlegung von Körpern existiren, und in welcher Wissenschaft die daraus resultirenden Körper behandelt werden mögen.

Der § 2 des Buches soll von dem „Verhältniss der Chemie zu andern Naturwissenschaften" handeln; es ist aber darin nur von dem Verhältniss der Chemie zur Physik die Rede. Zu Anfang des Paragraphen wird gesagt, dass die Physik es hauptsächlich mit den Veränderungen der Körper in Bezug auf Bewegung zu thun hat. Später wird gesagt, dass die Physik hauptsächlich die Erscheinungen der Elektricität, des Magnetismus, des Lichts und der Wärme behandelt. Der verständige Studirende folgert hieraus, dass die letztgenannten Erscheinungen in der Physik auf hypothetische Bewegungen zurückgeführt werden. Ueber die Chemie wird mitgetheilt, dass sie im Gegensatz zur Physik sich nicht mit Bewegung oder Formveränderung, sondern mit der Stoffveränderung beschäftigt, dass jedoch diese scheinbaren Stoffveränderungen bei weiterer Zergliederung auf Bewegung zurückzuführen seien. Der Studirende ist nun offenbar nach dieser Belehrung über den Unterschied zwischen Physik und Chemie ganz eben so klug, wie vor derselben. Denn die Physik behandelt ausser den offenbaren Formveränderungen auch viele rein hypothetische, und von den letzteren handelt die Chemie ebenfalls. Der Studirende hat also nicht, wie er zu erwarten berechtigt war, einen Unterschied zwischen Physik und Chemie kennen gelernt, sondern nur eine Uebereinstimmung beider Wissenschaften.

Es ist aber in demselben Paragraphen noch ein Satz vorhanden, der Aufschluss über alle bisher ungelösten Fragen zu geben scheint. Dieser lautet: „Die Chemie beschäftigt sich vorzüglich mit der Stoffveränderung, d. h. mit der Veränderung der auf einander wirkenden Körper in Bezug auf ihre Substanz." Um diesen Satz zu verstehen, fragt sich der Studirende: „Was bedeutet Stoff? Was bedeutet Körper? Was bedeutet Substanz?" Er erinnert sich, schon Sätze gehört zu haben, wie: „Das Gold ist ein Stoff, welcher . . . Das Gold ist ein Körper, welcher . . . Das Gold ist eine Substanz, welche . . ." Demzufolge übersetzt sich der Studirende die obige Definition folgendermassen. „Die Chemie beschäftigt sich vorzüglich mit der Substanzveränderung, d. h. mit der Veränderung der auf einander wirkenden Substanzen in Bezug auf ihre Substanz." Hierbei wird dem Studirenden schwindlich zu Muth. Er sagt sich, die Chemie mag eine schöne Wissenschaft sein; aber mit der Logik scheint sie auf höchst gespanntem Fusse zu stehen.

Zu diesen Beispielen, in welchen der langen Rede kurzer Sinn sich auf Null reducirt, sind leicht andere hinzuzufügen, in welchen die aufgestellten Definitionen geraden Wegs zu falschen Schlüssen führen.

In § 15 heisst es: „Einige unzerlegte Körper besitzen in gewissen Zuständen so auffallende Verschiedenheiten ihrer Eigenschaften von den sonst gekannten, dass man sie für heterogene Substanzen halten würde, wenn die Identität ihrer chemischen Natur nicht anderweitig festgestellt wäre. Solche Modificationen nennt man Allotropien oder allotropische Zustände." Nun betrachte man zum Beispiel den Schwefel. Die „sonst gekannten" Eigenschaften des Schwefels seien die des Stangenschwefels. Ferner betrachte man 2) den geschmolzenen dünnflüssigen, 3) den geschmolzenen dickflüssigen, 4) den luftförmigen Schwefel. Die Eigenschaften jedes einzelnen der drei letztgenannten Körper sind in Beziehung auf Aggregatzustand, Durchsichtigkeit, Farbe, Dichtigkeit und wahrscheinlich noch in vielen anderen Beziehungen von den „sonst gekannten" ganz· unzweifelhaft verschieden. Dennoch bezeichnet kein Chemiker diese Modificationen als allotropische Zustände des Schwefels.

Auf Seite 16 wird gesagt: „Die Metalloide unterscheiden sich im Allgemeinen von den Metallen dadurch, dass sie 1) nicht den eigenthümlichen Glanz wie diese besitzen, den man deshalb den Metallglanz nennt, 2) dass sie sehr schlechte Leiter der Wärme und Elektricität sind, 3) dass ihre Sauerstoffverbindungen überwiegend aus Säuren bestehen." Hiernach möge nun untersucht werden, ob der Sauerstoff ein Metall oder ein Metalloid ist. Von dem ersten Unterscheidungsmittel ist kein Gebrauch zu machen. Denn im luftförmigen Aggregatzustande besitzen auch die Metalle keinen Metallglanz. In den flüssigen oder festen Aggregatzustand lässt sich aber der Sauerstoff nicht versetzen. Das zweite Kriterium versagt seinen Dienst ebenfalls. Denn das Leitungsvermögen des Sauerstoffs für Wärme und Elektricität ist mit demjenigen von luftförmigen Metallen bisher wohl noch nicht verglichen worden. Es bleibt also nur der dritte Unterschied zwischen Metallen und Metalloiden übrig. Da aber der Sauerstoff sich mit Sauerstoff nicht zu einer Säure verbinden kann, so ist ohne Frage der Sauerstoff ein Metall.

Ausser falschen Definitionen sind auch unrichtige Gesetze ohne Mühe ausfindig zu machen.

Auf Seite 19 wird gelehrt: „Ein Körper, welcher in ver-mischtem Sauerstoff, z. B. in gewöhnlicher Luft verbrennt, entwickelt weniger Wärme, als im Sauerstoff verbrannt." Dies ist unrichtig. Ein Körper entwickelt bei der Verbrennung in Luft dieselbe Wärme wie bei der Verbrennung in reinem Sauerstoff. Es ist nur die Temperatur des Verbrennungsproductes im ersteren Falle niedriger als im zweiten.

Auf Seite 7 heisst es: „Der Act jeder chemischen Verbindung ist von Wärmeentwickelung begleitet." Dies Gesetz ist bekanntlich zwar in vielen, nicht jedoch in allen Fällen richtig. Aber das Gesetz erfährt eine bewunderungswürdige Erweiterung auf Seite 19. Hier erfahren wir, dass bei jedem chemischen Process Wärme entwickelt wird. Vermittelst dieses Gesetzes wird es leicht sein, das bis dahin so schwierige Problem des Perpetuum mobile auf chemischem Wege mit Einfachheit zu lösen.

Hiermit schliesse ich vorläufig meine Blumenlese aus einem Werke, dessen Verfasser durch seine Stellung in der Wissenschaft volle Garantie dafür bietet, dass es allen seinen Vorgängern weit überlegen ist.

Wenn ich nun auch Herrn Lexis in der Ansicht, welche er sich über die ihm bisher bekannt gewordenen Lehrbücher der Chemie gebildet hat, keineswegs widersprechen will, so kann ich ihm doch in dem Schlusse, den er über die Chemie selbst macht, nicht beistimmen. „Es liegt nun einmal," sagt er, „im Wesen der inductiven Naturwissenschaften, und insbesondere der Chemie, dass sie nicht wie Grammatik oder Mathematik behandelt werden können." Wenn es feststeht, dass noch so viele Personen einem musikalischen Instrumente nur Dissonanzen entlockt haben, so ist dadurch nicht bewiesen, dass dieses Instrument zur Hervorbringung wohltönender Accorde überhaupt unfähig ist.

§ 6.
Schädlichkeit von Definitionen und Gesetzen.

Ich möchte gern Herrn Lexis zeigen, dass ich mehr, als er es bei mir gethan hat, mir Mühe gegeben habe, in den tieferen, verborgeren Sinn seiner Worte einzudringen. Dazu bietet sich mir hier eine Gelegenheit. Wiederholt erklärt Herr Lexis es für unstatthaft, beim ersten chemischen Unterrichte dem Schüler

Definitionen oder Gesetze scharf einzuprägen. Auf das Gebiet der lateinischen Sprache übertragen, heisst diese Ansicht: Es ist sehr gefährlich, den Schüler beispielsweise die regelmässigen Conjugationen gründlich lernen zu lassen.

Herr Lexis meint zwar, dass das Studium der lateinischen Sprache mit dem der Chemie sich nicht vergleichen lasse, weil die Chemie eine werdende, die lateinische Sprache dagegen eine abgeschlossene Wissenschaft sei. Diese Ansicht verstehe ich nicht. Die Summe unserer chemischen Kenntnisse zu einer bestimmten Zeit, etwa zu Ende des Jahres 1863, bildet ebenso ein abgeschlos-senes Ganze, wie die Summe aller zu derselben Zeit zu Tage geförderten Kenntnisse der lateinischen Sprache. Die Philologen würden sich sehr wundern, wenn man ihnen sagen wollte, vom Anfang des Jahres 1864 ab sei alle fernere Forschung auf dem Gebiete der lateinischen Sprache unnütz, da dieses Gebiet zu Ende 1863 abgeschlossen worden sei.

Wenn ich nun aber annehme, dass Herr Lexis unter den chemischen Definitionen und Gesetzen, deren Erlernung er für so sehr schädlich hält, solche versteht, von denen ich so eben einige Proben mitgetheilt habe, so wird mir nicht allein die Tragweite seiner Worte vollkommen klar, sondern ich bin auch gezwungen, ihm durchaus Recht zu geben.

§ 7.
Die chemische Verwandtschaft.

Herr Lexis scheint der Ansicht zu sein, ich hätte mehr als andere Verfasser chemischer Lehrbücher in der Aufstellung von Definitionen und Gesetzen mich ergangen. Sollte ich ihn hierin richtig verstanden haben, so würde ich mir erlauben, ihm dagegen zu bemerken, dass er sich irrt. Ich habe vielmehr manche allgemeine Sätze, die sonst in keinem chemischen Lehrbuche fehlen, unerwähnt gelassen, sobald ich davon zur Erklärung der Thatsachen, auf die es mir ganz allein ankam, keinen Gebrauch zu machen wusste. Als ein Beispiel hierfür nenne ich die Lehre von der Verwandtschaft. Ich habe dieses Wort in meinem Buche nur einmal gebraucht, nämlich auf

Seite 193, wo es heisst: „Es giebt eine Verbindung von Stickstoff und Wasserstoff. Hieraus folgt natürlich, dass Stickstoff
und Wasserstoff sich mit einander verbinden können. Dieselbe
Thatsache, dass nämlich Stickstoff und Wasserstoff sich mit
einander verbinden können, drückt man auch wohl so aus,
dass man sagt: Stickstoff und Wasserstoff haben Verwandtschaft
zu einander."
Herrn Lexis ist diese Eigenthümlichkeit meines Buches
entgangen. Ich darf ihm hierüber keinen Vorwurf machen. Ich
kann von Herrn Lexis nicht verlangen, dass er das Unmögliche
möglich macht. Wer aus 346 Seiten in zehn Minuten eine
solche Menge von Einzelnheiten, wie er gethan hat, auffasst
(wenn auch falsch), der ist eben an der Grenze des Erreichbaren angelangt. Ich bin in Beziehung auf die Verwandtschaft
jedenfalls einem Menschen zu vergleichen, der nicht Schlittschuh
laufen gelernt hat, und der in Folge dessen die Erfindung der
Schlittschuhe für eine völlig unnütze erklärt. Aber ich gestehe
es offen, dass ich die Lehre von der chemischen Verwandtschaft
nie habe begreifen können. Auch die lichtvolle Darstellung
des in § 5 besprochenen Normalbuches hat mich nicht aufzu-
klären vermocht. Auf Seite 4 heisst es dort: „Die Ursache,
dass die einfachen Körper sich unter einander verbinden können,
sucht man in einer den Körpern inwohnenden Eigenschaft, der
chemischen Verwandtschaftskraft oder Affinität. Wenn diese
nichts anderes ist, als die allgemeine Anziehungskraft, so offen-
bart sie sich wenigstens als eine besondere Modification; denn
sie äussert sich einerseits nur zwischen ungleichartigen Körpern
(im Gegensatz zur Cohäsion), andererseits wirkt sie nur auf
unmerkbar kleine Entfernungen (Gegensatz zur Adhäsion)."
Hierin verwirrt es mich zuerst, dass die erwähnte Kraft, wie
es scheint, mit besonderer Betonung als eine den Körpern in-
wohnende Eigenschaft bezeichnet wird, da ich bisher Kräfte
oder Eigenschaften, die den Körpern nicht inwohnend wären,
nicht gekannt habe. Zweitens erinnere ich mich aus der Physik, dass die allgemeine Anziehungskraft vollständig und ihrem
ganzen Wesen nach durch die Formel $\dfrac{m_1 m_2}{r^2}$ ausgedrückt

wird, worin m_1 die Masse des ersten, m_2 die Masse des zweiten der einander gegenseitig anziehenden Körper oder Atome, endlich r die Entfernung der beiden Atome (oder ihrer Schwerpunkte) von einander bedeutet, und dass insbesondere von der chemischen Beschaffenheit der beiden Atome in jener Formel gar nicht die Rede ist. Nun weiss ich es mir mit dem besten Willen nicht zu enträthseln, wie die drei verschiedenen Modificationen beschaffen sein sollen, in denen jene einfache Formel sich offenbaren muss, damit Verwandtschaft, Cohäsion und Adhäsion daraus herfliessen. Noch weniger wie die beiden · vorigen weiss ich folgendes dritte Bedenken zu beseitigen. Unter Anziehung verstehe ich eine Kraft, welche zwei Körper einander nähert, oder welche die Körper veranlasst, ihren gegenseitigen Abstand zu vermindern. Wenn ich nun den Act einer chemischen Verbindung für die Folge einer Anziehung ungleichartiger Atome erkläre, und wenn ich unter Anziehung eine Kraft der eben definirten Art verstehe, so muss jede Verbindung, so weit ich es einsehe, von einer Volumenverminderung begleitet sein. Jede Verbindung, welche von einer Volumenverminderung nicht begleitet ist, kann als Folge einer Anziehung nicht angesehen werden. Schade ist es endlich viertens, dass der Verfasser die jedenfalls von ihm angestellten messenden Versuche, aus denen hervorgeht, dass die Entfernung zweier an einander adhärirender Körper eine nicht unmerkbar kleine ist, mitzutheilen unterlassen hat.

Dennoch wäre es immerhin möglich, dass sich die Affinität, auch ohne dass man von ihrem innersten Wesen nur eine Ahnung besässe, zur Erklärung der Erscheinungen mit Nutzen verwerthen liesse. Aber bei einem ernstlichen Versuche hierzu, gelangt man bald zu der Ueberzeugung, dass die Anzahl der verschiedenen Verwandtschaften, deren man zur Erklärung der Erscheinungen bedarf, eine ganz unübersehbare ist.

In der That, es liegt erstens auf der Hand, dass die Anzahl der verschiedenen Verwandtschaften nicht geringer sein kann, als die Anzahl der existirenden Verbindungen. So muss es eine Verwandtschaft von 1 Atom Mangan zu 1 Atom Sauerstoff geben, ferner eine andere Verwandtschaft von 2 Atomen

Mangan zu 3 Atomen Sauerstoff, ferner eine Verwandtschaft von 1 Atom Mangan zu 2 Atomen Sauerstoff, ferner eine Verwandtschaft von 1 Atom Mangan zu 3 Atomen Sauerstoff, endlich eine Verwandtschaft von 2 Atomen Mangan zu 7 Atomen Sauerstoff. Diese Verwandtschaften entsprechen den Gleichungen $Mn + O = MnO$ und $2 Mn + 3 O = Mn^2O^3$ und so weiter. Aber ich wüsste nicht, auf welche Weise ferner die den Gleichungen $2MnO + O = Mn^2O^3$ und $MnO + O = MnO^2$ und $MnO + 2 O = MnO^3$ und $2MnO + 5O = Mn^2O^7$ und $Mn^2O^3 + O = 2MnO^2$ und so weiter entsprechenden Verwandtschaften von 2 Atomen Manganoxydul zu 1 Atom Sauerstoff und von 1 Atom Manganoxydul zu 2 Atomen Sauerstoff und so weiter, entbehrlich gemacht werden sollten. Es mag immerhin wahr sein, dass einige unter diesen vielfältigen Gleichungen mit den uns gegenwärtig zu Gebote stehenden Mitteln nicht zu verwirklichen sind. Aber wenn einmal die Verwandtschaftslehre über alle chemischen Processe Rechenschaft geben soll, so muss diese sich nicht allein auf die stattfindenden, sondern auch auf die nicht stattfindenden beziehen. Bei einem nicht zu verwirklichendem Processe kann man dann nur sagen, dass die betreffende Verwandtschaft den Werth Null hat. Um beispielsweise zu erklären, dass eine Verbindung von 2 Atomen Mangan mit 5 Atomen Sauerstoff nicht existirt, bedarf es der Angabe, dass 2 Atome Mangan zu 5 Atomen Sauerstoff keine Verwandtschaft haben.

Mit diesen Verwandtschaften, die allen existirenden und nicht existirenden, binären, ternären, quaternären und so weiter Verbindungen entsprechen, reicht man aber noch lange nicht aus. Jede Verwandtschaft, die nicht wie die von 2 Atomen Mangan zu 5 Atomen Sauerstoff ein- für allemal gleich Null ist, besitzt im Allgemeinen bei jeder Temperatur einen verschiedenen Werth, ferner einen verschiedenen Werth bei verschiedener Beleuchtung, ferner wieder einen andern Werth bei der Gegenwart verschiedener Contactsubstanzen. Ferner ist es unumgänglich nöthig, einer gewissen Verwandtschaft, zum Beispiel der von 1 Atom Quecksilber zu 1 Atom Sauerstoff einen verschiedenen Werth zu ertheilen, je nachdem die betreffenden Atome schon

mit einander verbunden sind oder nicht. Wenn ein Atom
Quecksilber bei gewöhnlicher Temperatur mit einem Atom Sauer-
stoff in Berührung ist, so verbinden sie sich nicht mit einander; die
beiden nicht verbundenen Atome haben also keine Verwandtschaft. Betrachtet man dagegen ebenfalls bei gewöhnlicher
Temperatur ein Atom Quecksilber, welches mit einem Atom
Sauerstoff verbunden ist, so folgt, dass die beiden verbundenen
Atome, da sie verbunden bleiben, eine ganz andere Verwandtschaft zu einander besitzen, wie die nicht verbundenen Atome.
Die Schwierigkeit der numerischen Bestimmung aller dieser
Verwandtschaften liesse sich durch unzählige Versuche vielleicht
noch heben. Wie aber die folgende Schwierigkeit sollte aus
dem Wege geräumt werden können, weiss ich auf keine Art
zu entdecken. Zum Entstehen jeder Verbindung, sagt man, ist
eine Verwandtschaft nothwendig. Der Verfasser unseres Nor-
mallehrbuches erklärt das Wort Verwandtschaft durch „Vereinigungsbestreben", und ich acceptire diesen Ausdruck gern.
Jede Verbindung kommt also zu Stande durch ein Vereinigungsbestreben. Nun ist es aber ein Gesetz ohne Ausnahme,
dass jede existirende Verbindung wieder zerlegt werden kann.
Wie kommt nun eine Zerlegung zu Stande? Wenn eine Verbindung entsteht durch ein Vereinigungsbestreben, so weiss ich
mich der Consequenz nicht zu erwehren, dass eine Zersetzung
nur hervorgerufen werden kann durch ein Trennungsbestreben.
Der mehr erwähnte Königsberger Universitätslehrer scheint
dieses Gefühl mit mir getheilt zu haben. Aber äusserst scharf-
sinnig ist die Art, wie er seinerseits die von mir gezogene
Consequenz zu umgehen weiss. Seine Lehre ist die folgende:
Thatsache ist es, dass Wärme, ·Licht, Elektricität und Contactsubstanzen häufig einerseits Verbindungen, andererseits Zer-
setzungen veranlassen. Aber die Wirkung jener Agentien in
den beiden genannten verschiedenen Fällen ist eine gänzlich
verschiedene. Eine Verbindung zweier Körper entsteht immer
durch das betreffende Vereinigungsbestreben, nie aber, wie man
etwa denken möchte, durch Wärme, Licht, Elektricität und
Contactsubstanzen direct. Das Zustandekommen einer Verbindung durch directe Einwirkung der genannten Agentien ist

vielmehr ganz unmöglich. Nun kommt es aber häufig vor, dass das Vereinigungsbestreben zweier Körper „gleichsam schlummert“. In jedem derartigen Falle besteht dann die Wirksamkeit des zur Anwendung gebrachten Agens nur darin, dass es das schlummernde Vereinigungsbestreben erweckt. Sobald dies gelungen ist, ist auch die Verbindung fertig.

Um meiner Auseinandersetzung mehr Deutlichkeit zu geben, darf ich mir wohl erlauben, dass von unserem Autor gebrauchte, menschlichen Verhältnissen entnommene Gleichniss noch ein wenig fortzusetzen. Während also bei der Entstehung einer Verbindung den besprochenen Agentien durch ein Naturgesetz die persönliche Einmischung gänzlich untersagt ist, treten dieselben, sobald es sich um eine Zersetzung handelt, vollkommen selbstständig wirkend auf. Es ist nur wahrscheinlich, dass diejenigen Agentien, welche die Fähigkeit besitzen, das Vereinigungsbestreben aus dem gleichsam schlummernden Zustande in den gleichsam wachenden zu versetzen, nicht minder im Stande sind, den gleichsam wachenden Zustand in den gleichsam schlummernden überzuführen. Gelingt ihnen dies, und bedienen sie sich gleichzeitig der ihnen inwohnenden zersetzenden Kraft, so ist eben die Zersetzung fertig, und zwar ohne dass es dazu eines besonderen Trennungsbestrebens bedurft hätte.

Ich kann, wie ich schon gesagt habe, dieser Lehre den Character eines grossen Scharfsinns nicht absprechen. Mich zu überzeugen, hat sie dennoch nicht vermocht. Ich bleibe bei meiner früheren Ansicht stehen; wenn zu dem Acte einer Verbindung ein Vereinigungsbestreben nöthig ist, so kann der Act einer Zersetzung ohne ein Trennungsbestreben nicht erfolgen. Umgekehrt, wenn der Act einer Zersetzung ohne ein Trennungsbestreben vor sich gehen kann, so ist auch die Annahme eines Vereinigungsbestrebens zur Erklärung der Verbindung überflüssig.

Ich kann nicht umhin, hier noch mit einigen Worten eines in neuerer Zeit über die Verwandtschaft aufgestellten Gesetzes zu gedenken. Nach demselben ist das Vereinigungsbestreben zweier Atome oder lieber zweier Atomgruppen direct proportional der bei der Verbindung der Atomgruppen erzeugten

Wärme. So verführerisch dieses Gesetz beim ersten Anblick erscheint, so erweisst es sich doch bei näherer Betrachtung als nicht stichhaltig. Denn abgesehen davon, dass in unzähligen Fällen diejenigen Processe, welche in Folge jenes Gesetzes erwartet werden müssten, nicht eintreten, steht die Existenz vieler Verbindungen, bei deren Entstehung nicht Wärme erzeugt, sondern vernichtet wird, im allerdirectesten Gegensatz zu demselben.

Dies sind einige von den Schwierigkeiten, welche nach meiner Ansicht einer ernstlichen und consequenten Verwerthung' des Begriffs der chemischen Verwandtschaft sich widersetzen. Wie ist es denn aber möglich, wird man mich fragen, dass factisch so viele Chemiker einen so ausgedehnten Gebrauch von der Affinitätslehre machen? Die Erklärung, die ich mir von dieser Thatsache gebe, ist sehr einfach. Wenn man mit der Vevwandtschaft operiren will, so betrachtet man irgend einen chemischen Process. Aus dem Stattfinden des Processes schliesst man, dass die bei demselben wirksamen Verwandtschaften die und die Beschaffenheit haben müssen. Auf dieselbe Weise verfährt man bei einem zweiten, dritten, endlich bei allen Processen. Ob aber die verschiedenen auf solche Weise erlangten Schlüsse über die Verwandtschaften mit einander in Einklang stehen oder sich gegenseitig widersprechen, darum kümmert man sich nicht. Wenn eine Verbindung von Eisen und Sauerstoff durch Wasserstoff zerlegt wird, so folgert man, dass der Wasserstoff zum Sauerstoff eine grössere Verwandtschaft hat als das Eisen. Wenn eine Verbindung von Wasserstoff und Sauerstoff durch Eisen zerlegt wird, so folgert man mit derselben Klarheit, dass das Eisen zum Sauerstoff eine grössere Verwandtschaft hat als der Wasserstoff. So ist denn nach meinem Dafürhalten jeder Satz über chemische Verwandtschaften nichts anderes, als die Umschreibung irgend eines bestimmten Processes.

Herr Lexis wird, wie ich nicht bezweifle, meine ketzerischen Ansichten über die Verwandtschaft nur mit einigem Schaudern lesen. Aber ich möchte ihn doch bitten, sich mein Buch einmal darauf anzusehen, ob ich in Folge des consequenten Nichtge-

brauchs der Affinitätslehre an Klarheit bei der Beschreibung
irgend eines Processes eingebüsst habe. Er sagt ja selbst, dass
„die klare und bündige Characterisirung der Erscheinungen
unstreitig eine gute Seite des Werkes ist".
Ich will gern zugeben, dass es oft angenehm ist, eine und
dieselbe Thatsache auf mehrere verschiedene Arten ausdrücken
zu können. Von diesem Gesichtspunkt aus betrachtet erscheint
allerdings das Aufgeben der Affinitätslehre als ein kleiner
Nachtheil. Aber ich meine, die Beibehaltung derselben sei
mit noch grösserem Nachtheil verbunden. Denn entweder sieht
man ein, dass durch die Affinitätslehre nichts Unerklärtes erklärt wird; dann halte ich es einer wahren und echten Wissen-
schaftlichkeit für unwürdig, sich den Schein zu geben, als ob
man etwas erklären könnte, von dessen innerem Wesen man
doch keine Ahnung hat. Oder man bildet sich ein, durch die
Affinitätslehre wirklich etwas erklärt zu haben; dadurch wird
man verhindert, nach dem wahren Grunde einer bis dahin völlig
räthselhaften Erscheinung zu forschen.

§ 8.
Verkennung des Hauptzwecks.

Ich muss sehr bedauern, meinem Buche einen Titel gegeben zu haben, aus welchem Herr Lexis nicht unmittelbar entnehmen konnte, was mir bei der Abfassung des Buches stets
als Hauptzweck vorgeschwebt hat. Dieser Hauptzweck ist denn
in Folge dessen Herrn Lexis auch vollständig entgangen, ob-
gleich er in der meinem Buche vorgehefteten Ankündigung klar
ausgesprochen sich findet, und es überdies wirklich nur eines
mässigen Scharfsinns bedarf, um ihn meinem Buche selbst zu
entnehmen. Ich bin weit entfernt, hiermit etwa andeuten zu
wollen, dass Herrn Lexis die dazu erforderliche Quantität von
Scharfsinn abginge. Er hatte nur während der Eingangs besprochenen verhängnissvollen zehn Minuten mit dem Aufsuchen
der Belege für seine aus dem Titel gezogenen Schlüsse so viel
zu thun, dass er über dieses Ziel unmöglich noch hinausgehen
konnte.

Der vornehmlichste Zweck, der mir bei der Abfassung meines Buches unausgesetzt vorgeschwebt hat, ist kein anderer als der, das Studium der Chemie zu erleichtern. Es geht aber meine Ansicht dahin, dass, wenn ein gewisser Complex von Thatsachen gegeben ist, welchen wir eine Wissenschaft nennen, dass dann die leichte Erlernbarkeit dieser Wissenschaft Hand in Hand geht mit dem Werthe derselben Wissenschaft als Bildungsmittel für den Verstand. Es heisst hierüber in der erwähnten Ankündigung: „Mit dem Studium der Chemie verhält es sich in dieser Beziehung nicht anders, wie etwa mit dem einer Sprache. Es ist möglich, sich eine Sprache ohne jede Regel vollkommen dadurch anzueignen, dass man nur Wörter und Sätze, nie aber eine Regel erlernt. Zwischen den beiden Extremen eines rein praktischen und eines möglichst theoretischen Lernens giebt es natürlich unzählige Zwischenstufen. Der Verfasser ist aber der Meinung, dass unter sonst gleichen Umständen diejenige Methode am schnellsten zum Ziele führt und zugleich die Entwickelung des Verstandes am meisten fördert, welche soviel wie möglich alle Thatsachen auf Gesetze zurückführt oder vielmehr alle Thatsachen als Folgerungen aus den aufgestellten Gesetzen vom Schüler ableiten lässt."

Ich glaube nicht, dass diese Ansichten neu sind. Jedenfalls kannte sie jedoch Herr Lexis, als er seine Recension schrieb, nicht. Er meint: Entweder wird bei der Erlernung einer Wissenschaft der Verstand des Schülers gebildet, und dann lernt der Schüler wenig Positives; oder der Schüler erlangt positive Kenntnisse, und dabei geht der Verstand leer aus. Herr Lexis möge mir verzeihen, wenn ich hier seine Meinung nicht ganz richtig aufgefasst haben sollte. Aber er schreibt: „Wenn die Chemie einmal den gleichen Entwickelungsgrad erreicht hat, wie die Astronomie, dann mag man sie als ein formales Bildungsmittel benutzen; gegenwärtig aber ist sie selbst auf den Realschulen doch wohl überwiegend ihres sachlichen Inhalts und praktischen Nutzens wegen als Unterrichtszweig eingeführt." Allem Anscheine nach liegt doch diesen Worten der Schluss zu Grunde: Da es sich bei dem Studium der Chemie gegenwärtig um Erlangung positiver Kenntnisse handelt, und la die Erlangung positiven Wissens und Bildung des Verstandes ich gegenseitig ausschliessen, so darf die Chemie als formales Bildungsmittel nicht benutzt werden.

Es ist übrigens schade, dass die oben citirte Stelle aus der Ankündigung meines Buches der Aufmerksamkeit des Herrn Lexis entgangen ist. Wäre dies nicht geschehen, so würde er ingesehen haben, dass es sich bei der Bekämpfung meines Buches vor allen Dingen darum handelte, nachzuweisen, dass rstens jenes Princip falsch sei, und dass zweitens durch die n meinem Buche befolgte Methode die Erlernung der Chemie icht erleichtert, sondern erschwert werde.

§ 9.
Was Herr Lexis sonderbar findet.

Herr Lexis findet meine Anordnung oft sonderbar. „So rird zwischen die Paragraphen über die Aggregatzustände mit inemmale eine Abhandlung über die Spritzflasche eingeschaltet.'' Hätte Herr Lexis Zeit gefunden ausser der Ueberschrift des Paragraphen, „Anfertigung der Spritzflasche'', auch noch den rsten Satz desselben: „Bei einigen zum folgenden Paragraphen anzustellenden Versuchen ist eine Spritzflasche bequem'', zu esen, so würde er hieraus vielleicht den Grund für die Stellung les Paragraphen entnommen haben.

Wenn ich hoffen dürfte, dass Herr Lexis der vorliegenden Antikritik eine grössere Aufmerksamkeit wie meinem Buche zu ridmen geneigt wäre, so würde ich es wagen, bei dieser Ge- egenheit das meiner Anordnung zu Grunde liegende Princip, relches indessen schon in der Ankündigung des Buches deut- ich ausgesprochen ist, und überdies einem aufmerksamen Leser unmöglich entgehen kann, noch etwas näher aus einander zu etzen.

Berzelius sagt in der Vorrede zu der vierten Auflage seines Lehrbuchs: „Es ist keine leichte Sache, einen guten Plan für :in chemisches Lehrbuch zu entwerfen. Dieses hat einen ganz anderen Zweck als das Handbuch, in welchem die trengste systematische Ordnung die Hauptsache ist. In dem

Lehrbuche muss dagegen diejenige Ordnung aufgesucht werden,
nach welcher die Wissenschaft am leichtesten begriffen und
am besten im Gedächtniss behalten wird. Mehrere haben ver-
sucht, diese Ordnung so aufzustellen, dass nichts Unbeschriebenes
eher erwähnt werden solle, als bis seine Beschreibung vorgekommen sei, und dass der Leser unaufhörlich von wohlbekannten
zu unbekannten Materien geführt werde." Diese Worte drücken
den meinem Buche zu Grunde liegenden Plan so klar aus, dass
ich es kaum für nöthig halten sollte, denselben noch irgend
eine weitere Erläuterung nachfolgen zu lassen.

Aber ich darf nicht verschweigen, dass Berzelius in seiner
Vorrede fortfährt: „Eine solche Ordnung ist in der Chemie
unmöglich." Hätten mich diese Worte des Meisters nicht ab-
schrecken sollen? Musste es nicht mir selbst als eine Ueber-
hebung erscheinen, etwas ausführen zu wollen, was Berzelius
für unmöglich erklärt hat? Es ist nur scheinbar so. Denn
gleich die folgenden Worte von Berzelius zeigen, dass er jene
Anordnung gar nicht für unmöglich, sondern nur für unzweckmässig hält. Er sieht in der frühzeitigen Erwähnung eines erst
später ausführlich zu beschreibenden Gegenstandes nichts anderes, als ein Mittel um die Neugierde zu spannen. „Beim
Verfassen eines Lehrbuchs", sagt er, „ist es eine ebenso wich-
tige Sache, wie in dem erzählenden Stile der schönen Literatur,
die Neugierde des Lesers zuvor zu spannen, ehe sie befriedigt
wird." Nun hält man aber bekanntlich auch in der schönen
Literatur diejenigen Werke für die besten, welche noch beim
zweiten Lesen gefallen, wo jede Spannung der Neugierde aus-
geschlossen ist. Es muss also ausser dem von Berzelius zur
Erregung des Interesses gebrauchten Mittel noch andere geben,
die zu demselben Ziele führen. Da nun Berzelius weitere Beweise für die Unmöglichkeit der in Rede stehenden Ordnung
eines chemischen Lehrbuchs nicht beibringt, so kann die Aufgabe, die ich mir gestellt habe, doch nicht gerade als sehr
gewagt erscheinen. Ich muss sogar gestehen, dass ich für ein
chemisches Lehrbuch, welches im wahren Sinne des Wortes
diesen Namen verdienen will, jene Anordnung für die einzig
mögliche halte.

Aus den Worten von Berzelius: „Es soll nichts Unbeschriebenes eher erwähnt werden, als bis seine Beschreibung
vorgekommen ist", könnte man freilich schliessen, dass es sich
in der Chemie von Seiten des Lehrenden nur um ein Beschreiben,
von Seiten des Lernenden nur um ein Einprägen ins Gedächtniss
handelte. Aber schon die den genannten Worten vorhergehende
Stelle zeigt, dass auch nach der Meinung von Berzelius die
Chemie eine Wissenschaft ist, die begriffen werden muss.
Eine Sache, die begriffen werden soll, muss erklärt werden.
Somit kann nach meiner Ansicht das erste Princip für die
Abfassung eines guten Lehrbuches nur heissen: Es darf nie
etwas Unerklärtes als Mittel zur Erklärung gebraucht werden.

Sollte es specieller Beispiele bedürfen, um diesen, wie mir
scheint, sehr klaren Satz noch näher zu erläutern, so würde
jenes Buch, welches sich schon verschiedentlich für unsere
Zwecke als ausserordentlich brauchbar bewährt hat, gewiss nicht
verfehlen, uns solche in beliebiger Anzahl zu liefern. Ohne
jedoch hier in irgend ein Detail einzugehen, will ich nur bemerken, dass dasselbe mit einer zwar nur 15 Seiten langen,
aber sehr inhaltsschweren Einleitung beginnt. Eine grosse
Menge der wichtigsten chemischen Definitionen und Gesetze ist
darin zusammengestellt. Man sollte meinen, wenn der Vortrag
— das Buch nennt sich einen Grundriss für die Vorlesungen
des Verfassers — bis zum Ende der Einleitung gediehen wäre,
so müsste der Zuhörer in das Verständniss einer Unzahl von chemischen Erscheinungen einen tiefen Einblick gewonnen haben.
Ist aber mein obiger Satz wahr, giebt man zu, dass der Zuhörer eine Definition oder ein Gesetz, welches an und für sich
nicht klar ist und deshalb einer Erläuterung bedarf, mit dem
besten Willen nicht zu begreifen vermag, sobald zum Behufe
dieser Erläuterung auf eine ihm vollständig unbekannte Thatsache hingewiesen wird, so folgt unmittelbar, dass der Vortrag
jener Einleitung für den Zuhörer gänzlich nutzlos, eine reine
Zeitverschwendung ist. Denn im Verlaufe der ganzen Einleitung
wird dem Zuhörer kein Versuch wirklich vorgeführt. Alle für
nothwendig erachtete Erläuterung besteht nur in der Hinweisung
auf später anzustellende Experimente. Während des Vortrags

der Einleitung, und vielleicht noch lange Zeit hinterher kann dem Zuhörer nicht anders zu Muthe sein, wie als ginge ihm ein Mühlrad im Kopfe herum. Dass während dieser Zeit von den Gesetzen und Erscheinungen der Chemie nur sehr weniges begriffen und mit Klarheit aufgefasst werden kann, kommt mir ziemlich unzweifelhaft vor.

Ich wende mich zurück zu Herrn Lexis. Vielleicht dämmert ihm doch schon allmählig die Möglichkeit entgegen, dass Dinge, die er nicht begriffen hat, bisweilen in Wirklichkeit weniger sonderbar sind, wie er Anfangs glaubte. Ueberzeugt aber ist er noch lange nicht. Mein Princip, dass in einem Lehrbuche niemals etwas Unerklärtes als Mittel zur Erklärung gebraucht werden darf, scheint ihm allerdings nicht ganz falsch zu sein. Aber es giebt für ihn — so denke ich — ein anderes Princip, welches er für viel wichtiger hält. Es ist dies das Princip der systematischen Anordnung.

Wozu nun, erlaube ich mir Herrn Lexis zu fragen, ist denn eine systematische Anordnung gut? Welchen reellen Vortheil bringt sie ein? Ich stelle mir vor, dass Herr Lexis diese Frage mit Indignation zurückweist. Es giebt für ihn Principien, die an und für sich so klar sind, dass sie keines Beweises bedürfen, dass der bescheidendste Zweifel an ihrer Richtigkeit ein wissenschaftlicher Frevel ist. Hierzu gehört für ihn das Princip der systematischen Anordnung. Ich dagegen bin meiner Natur nach mehr Sceptiker, und so muss mir Herr Lexis die Kühnheit meiner Frage schon verzeihen.

Nach meinem Erachten besteht der einzige Vortheil der systematischen Anordnung in der Erleichterung des Nachschlagens. Ich schätze diesen Vortheil keineswegs gering. Aber ich denke, auch Herr Lexis wird einräumen, dass es immer gut ist, wenn man weiss, was man will. Wenn ich ein Handbuch zum Nachschlagen schreiben will, so muss mir die systematische Anordnung das Hauptprincip sein, von dem ich nie abgehen darf. Will ich dagegen ein Lehrbuch schreiben, welches zum ersten Erlernen einer Wissenschaft dienlich sein soll, so muss ich die oben besprochene didaktische Anordnung als Hauptsache betrachten. Ich gebe gern zu, dass unter verschiedenen Hand-

büchern dasjenige das beste ist, welches neben der nie zu ver-
letzenden systematischen Anordnung am wenigsten gegen das
Princip der didaktischen Anordnung verstösst. Und ebenso
kann ich auch bei einem Lehrbuche, welches das didaktische
Princip stets einhalten muss, in einer möglichst systematischen
Anordnung des Inhalts der betreffenden Wissenschaft nur eine
sehr schätzbare Nebeneigenschaft erkennen. Aber eine gleich-
zeitige stricte Durchführung beider Principien halte ich sowohl
in der Chemie wie auch in jeder anderen Wissenschaft — die
Mathematik nicht ausgenommen — für unmöglich.
Wie Herr Lexis über diesen Punkt denkt, kann ich nicht
wissen. Aber ich möchte mir erlauben, eine Vermuthung darüber
aufzustellen. Er hält die Anordnung, welche ich die didaktische
nenne, in der Chemie überhaupt für unmöglich. Er erachtet
es für eine unabweisliche Nothwendigkeit, dass beim ersten Studium
der Chemie jedem Schüler eine Zeit lang zu Muthe ist, als
ginge ihm ein Mühlrad im Kopfe herum. Daraus folgt denn
freilich zu gleicher Zeit, dass chemische Lehrbücher in dem oben-
bezeichneten Sinne nicht existiren können. Es folgt ferner, dass ein
Schüler, welcher das Stadium des Mühlradgefühles überwunden
hat, und nun, ohne den ersten Vortrag noch einmal zu hören,
Klarheit in seine chemischen Begriffe bringen will, sich zu
diesem Zwecke nur eines Buches bedienen kann. Für ein
solches Buch wird dann allerdings die systematische Anordnung nicht unzweckmässig sein. Wenn Herr Lexis überhaupt
einen wesentlichen Unterschied zwischen Handbuch und Lehrbuch
annimmt, so wird derselbe darin bestehen, dass sich das Handbuch über den ganzen bisher zu Tage geförderten Inhalt der
betreffenden Wissenschaft erstrecken muss, während das Lehrbuch sich nur über einen grösseren oder kleineren Theil jenes
Gesammtinhalts verbreitet. Nach meiner Auffassung dagegen
wäre ein solches Lehrbuch nur ein abgekürztes Handbuch zu
nennen.
Ich möchte übrigens nebenbei bemerken, dass es auch für
ein nach meinem didaktischen Princip abgefasstes Lehrbuch
ein Mittel giebt, um das Nachschlagen, welches freilich in einem
guten Handbuche immer am wenigsten Mühe macht, sehr zu

erleichtern. Dasselbe besteht in der Zufügung eines möglichst vollständigen alphabetischen Registers. Ich habe nicht verabsäumt, dieses Mittel in meinem Buche zur Anwendung zu bringen. Sollte es mir jetzt gelungen sein, gegen die scharfe Kritik des Herrn Lexis mich zu rechtfertigen? Ich denke wohl einigermassen, aber noch nicht vollständig. Welcher Grund war denn vorhanden, wird Herr Lexis noch immer fragen, die Abhandlung über die Spritzflasche mitten zwischen die Paragraphen über die Aggregatzustände einzuschalten? Hätte ich nicht mindestens diese wenigen Paragraphen unzertrennt lassen sollen? Herr Lexis selbst sagt in seiner Recension: „Der Verfasser hat ohne Zweifel seine Darstellungsweise reiflich überlegt und durchdacht." Er wird es mir also nicht übelnehmen, wenn ich ihm zeige, dass meine Ueberlegung noch reiflicher war, als er anzunehmen sich veranlasst fühlte. Ebenso wie Berzelius bin ich der Ansicht, dass der Verfasser eines Lehrbuchs es sich unausgesetzt angelegen sein lassen muss, das Interesse des Lernenden rege zu halten und vor allen Dingen kein Gefühl der Langenweile in ihm aufkommen zu lassen. Schon deshalb und von didaktischen Gründen ganz abgesehen, habe ich mir Mühe gegeben, jeden neu vorzuführenden Begriff durch ein leicht anzustellendes Experiment zu erläutern. Denn dadurch wird dem Schüler das Studium der Chemie nicht allein leicht, sondern auch interessant gemacht. Ausserdem glaubte ich eine erschlaffende Eintönigkeit am besten durch Abwechselung, durch Verschiedenheit in den nach einander zu besprechenden Gegenständen vermeiden zu können. Aus diesem Grunde habe ich zum Beispiel die verschiedenen Säuren nicht hintereinander abgehandelt. Ich hielt vielmehr die bekannte Gmelin'sche Anordnung für die zweckmässigste, bei welcher meistentheils die nach und nach zu besprechenden Körper von ganz verschiedener chemischer Beschaffenheit sind. Ich finde, dass bei dieser Reihenfolge sich dem Lehrer die beste Gelegenheit darbietet, auf die früher besprochenen allgemeinen Gesetze immer wieder zurückzukommen und dieselben so dem Gedächtniss der Schüler immer fester einzuprägen.

Herr Lexis wird hieraus ersehen, dass ich für den von ihm

hervorgehobcnen Fall zwei Gründe hatte. Einerseits sollte der Schüler, der in´ § 17 zum erstenmale Anwendung von der Spritzflasche machen sieht, noch vorher, also spätestens in § 16, mit der Anfertigung und dem Gebrauche dieses´ Apparats bekannt gemacht werden. Andererseits war mir die dadurch hervorgebrachte Abwechselung aus dem zuletzt besprochenen Grunde eher angenehm als unangenehm.

Uebrigens´ kann ich diesem Punkte ein grosses Gewicht nicht beilegen. Ohne gegen meine Principien zu verstossen, würde es wohl nicht schwer gewesen sein, die ganze Betrachtung der Aggregatzustände mit Vermeidung der von Herrn Lexis gemissbilligten Unterbrechung zu Ende zu führen. Hätte ich eine Ahnung gehabt, dass ich dadurch die schon so sehr verscherzte Gunst des Herrn Lexis auch nur in geringem Maasse meinem Buche wieder zuwenden könnte, so würde ich diesen Preis gewiss nicht für einen zu hohen gehalten haben.

Es scheint mir hier der passende Platz zu sein, um nebenbei noch auf einen neuen Punkt hinzuweisen, in Rücksicht dessen nach meiner Ansicht die Anordnung des Handbuchs von der des Lehrbuchs wesentlich verschieden sein muss. Die Frage, die ich besprechen möchte, heisst: wie hat der Verfasser entweder eines Handbuchs oder eines Lehrbuchs es zu halten mit Ausnahmen von Gesetzen?

Was die Gesetze selbst betrifft, so meine ich, es müssen erstens nur Gesetze aufgestellt werden, welche zur Ableitung von Thatsachen brauchbar sind. Ferner muss jedes Gesetz, soweit entweder das systematische oder das didaktische Princip es erlaubt, desto früher mitgetheilt werden, je allgemeiner es ist, je häufiger man in die Lage kommt, von demselben Anwendung zu machen. Endlich muss jedes Gesetz so beschaffen sein, dass die Anzahl der Bestätigungen die der Ausnahmen beträchtlich überwiegt. Zu wünschen wäre es freilich sehr, dass alle aufzustellenden Gesetze ausnahmelos dastünden. Aber von der Erreichung dieses bei Sprachen nie erreichbaren Zieles sind wir in der Chemie leider noch weit entfernt.

Was nun aber diese Ausnahmen betrifft, so erwächst die Frage: sollen dieselben stets unmittelbar nach dem betreffenden

Gesetze angeführt werden, oder erst später bei Besprechung desjenigen Körpers, der eben in dem Ausnahmefalle sich befindet?

Sobald von einem Handbuche die Rede ist, versteht es sich wohl von selbst, dass Gesetz und Ausnahmen nicht von einander getrennt werden dürfen. Bei einem Lehrbuche dagegen würde ich dieselbe Art der Anordnung nur für ganz verfehlt halten können. Ich habe hierfür zwei Gründe. Erstens ist der Verfasser eines Lehrbuches, der das didaktische Princip unabänderlich festhalten will, sehr häufig in der Lage, dem Lernenden nur eine einzige Bestätigung des eben aufgestellten Gesetzes vorführen zu können. Fügt man nun dieser einen Bestätigung sogleich eine Ausnahme hinzu, so bekommt der Lernende von dem wahren Werthe des Gesetzes eine ganz falsche Vorstellung. Er muss denken, das Gesetz, von dem er eine Bestätigung und eine Ausnahme kennen gelernt hat, hätte auch eben so gut unaufgestellt bleiben können. Anders verhält sich die Sache, wenn im weiteren Verlaufe des Vortrags zu der ersten Bestätigung des Gesetzes schon neue hinzugetreten sind. Zweitens meine ich, der Lehrer muss es sich zur Aufgabe machen, die einmal aufgestellten Gesetze, wo irgend eine Gelegenheit dazu sich darbietet, immer und immer wieder zur Anwendung zu bringen und so dem Gedächtniss des Lernenden fester und fester einzuprägen. Dies geschieht aber gerade so gut durch Bestätigungen wie durch Ausnahmen. Der Lernende hat auch ein viel grösseres Interesse für eine Ausnahme von einem schon oft bestätigtem Gesetze, als von einem solchen, dessen Werth ihm noch sehr zweifelhaft vorkommt.

Noch einen anderen Punkt möchte ich hier zur Sprache bringen. Man würde mein Buch sehr missverstehen, wenn man glaubte, dass ich darin das sogenannte heuristische Princip hätte in Anwendung bringen wollen. Durch dieses Princip, so verlockend es beim ersten Anblick erscheinen mag, wird nach meinem Dafürhalten in dem Schüler ein gefährlicher Irrthum erzeugt. Man führt dem Schüler eine einzige Thatsache oder auch einige wenige Thatsachen vor. Durch geschickte Fragestellung weiss man den Schüler dahin zu bringen, dass er aus der einen Thatsache oder den wenigen Thatsachen ein Gesetz ableitet, und der Schüler freut sich nun allerdings des angenehmen Gefühles, ein allgemeines Gesetz durch eigene Geistesthätigkeit entwickelt zu haben. Nun wird zunächst wohl jeder Einsichtige zugeben, dass durch das heuristische Verfahren der Schüler mit der grössten Leichtigkeit auf die allerfalschesten Gesetze geführt werden kann. Schwerlich ist jemals ein falsches Gesetz aufgestellt, welches nicht aus irgend einer richtigen Thatsache abgeleitet worden wäre. Durch Anwendung der heuristischen Methode muss aber in jedem denkenden Schüler der Wahn erzeugt werden, als wenn die Auffindung der eine Wissenschaft beherrschenden Gesetze die leichteste Sache von der Welt sei. Ausserdem endlich giebt es auch Fälle genug, in denen offenbar mit dem heuristischen Verfahren geradezu gar nichts gemacht werden kann. Man denke nur beispielsweise an die Atomgewichte. Diese sind durch unzählige und höchst mühsame Experimente ermittelt worden. Ist denn wohl die entfernteste Möglichkeit vorhanden, einem Anfänger in der Chemie, dem man die Atomgewichtstabelle vorlegt, mit allen diesen Experimenten bekannt zu machen? Dieser Verpflichtung aber könnte sich ein Lehrbuch, welches das heuristische Princip mit Consequenz durchführen will, soviel ich sehe, auf keine Weise entziehen.

Die hier entwickelte Ansicht wird von Herrn Lexis nicht getheilt. Er will, dass schon durch den ersten chemischen Unterricht „der Schüler eine Uebung in der inductiven Logik erhalten" soll. Mit der Auffindung von Gesetzen auf inductivem Wege verhält es sich, wie mir scheint, ganz ebenso wie mit der Lösung der bekannten Aufgabe, die man dem Columbus zuschreibt. Es ist dazu mehr Scharfsinn erforderlich, als man von dem Anfänger in einer Wissenschaft billigerweise verlangen kann.

Aus dem hier Gesagten wird der einsichtige Leser meines Buches entnehmen, warum ich zum Beispiel in dem Paragraphen 87, nachdem ich in der Ueberschrift die Eigenschaften des Wasserstoffs aufgezählt habe, fortfahre mit den Worten: „Aus den genannten Eigenschaften des Wasserstoffs erklären sich folgende Versuche." Nach dem heuristischen Verfahren hätte ich sagen müssen: „dass der Wasserstoff die genannten Eigenschaften besitzt, wird bewiesen durch folgende Versuche."

§ 10.
Was Herr Lexis komisch findet.

Es ist Herrn Lexis gelungen, auch einen sehr wunden Fleck meines Buches ausfindig zu machen. „Ganz komisch vollends nehmen sich gewisse Erläuterungen aus, nach denen man glauben sollte, der Verfasser setze bei denen, deren Verstand er bilden will, a priori eigentlich gar keinen Verstand voraus. Zur concreten Versinnlichung des Processes der chemischen Verbindung finden wir zum Beispiel in fetter Schrift folgende Sätze: Aehnliche Verhältnisse wie in der Chemie kommen auch im gewöhnlichen Leben vor zum Beispiel 1 Heft + 1 Klinge = 1 Messer*), 1 Wagebalken + 2 Wageschalen = 1 Wage. Mit Beschämung muss ich es Herrn Lexis gestehen, dass ich hier gegen die Würde der Wissenschaft mich arg vergangen habe. Eine Möglichkeit, mich deshalb zu rechtfertigen, sehe ich nicht. Dass ich aber einen Versuch mache, meinen Verstoss ein wenig zu bemänteln und da, wo ich mich nicht vertheidigen kann, nach einer, wenn auch ganz haltlosen Ausrede mich umzusehen, wird Herr Lexis gewiss nicht übel auslegen wollen.

So sehr ich es bedaure, sehe ich mich zur Erreichung meines Zieles gezwungen, hier für einen Augenblick das Feld der Wissenschaft zu verlassen und in die Region unbestimmter schwärmerischer Gefühle mich zu verlieren.

Ich muss Herrn Lexis erzählen, dass ich früher Lehrer der Physik und Chemie an einer Berliner Realschule war. Seit Anfang des Jahres 1861 bin ich es leider nicht mehr, da ein Nervenleiden, welches meine Augen und meine Füsse erfasst hat, mir die Fortsetzung jener Thätigkeit unmöglich machte.

---

*) Dass auch dieses Beispiel mit fetter Schrift gedruckt ist, beruht auf einem Versehen des Correctors. Um Herrn Lexis dies glaublich zu machen, brauche ich nur darauf hinzuweisen, dass das zweite von ihm citirte Beispiel nicht mit fetter Schrift gedruckt ist.

Aber dies ist vielleicht ein Glück zu nennen. Denn zum Lehrer taugte ich nicht. Zwar fehlte es mir nicht an gutem Willen. Indessen war ich von einer krankhaften Empfindlichkeit, die ein guter Lehrer der Chemie nicht haben soll und nicht haben darf, ergriffen worden. Wie besessen nämlich hielt ich daran fest, dass alle Schüler jeden Satz, den ich ihnen vortrug, auch begreifen sollten, und zwar auf der Stelle, sowie er vorgetragen war. Davon, dass dies geschehen sei, konnte ich nicht müde werden, durch ein fortwährendes Fragen mich zu vergewissern. Ich sehe jetzt ein, wie thöricht diese Methode war. Wenn man auch hin und wieder Fragen an die-Schüler richten will, so liegt doch nichts näher, als dass man sich hierbei auf die guten Schüler beschränkt. Man braucht ja nur anzunehmen, dass die Schüler, welche dasjenige, was der Lehrer ihnen sehr klar vorgetragen hat, dennoch nicht begriffen haben, a priori den dazu nöthigen Verstand nicht besitzen. Und welche Last hat nicht der Lehrer durch diese so nahe liegende Annahme auf die leichteste Weise sich von den Schultern abgewälzt! Jetzt erst ist er im Stande, wirklich etwas zu leisten und ein grosses Pensum in kurzer Zeit zu absolviren. Bei meiner Methode dagegen hat der Lehrer fortwährend die bittersten Erfahrungen zu machen. Wie oft muss er wahrnehmen, dass eine Sache, die er meint, so fasslich wie nur möglich auseinandergesetzt zu haben, von vielen Schülern, den schlechten nämlich, noch gar nicht begriffen worden ist.

Der Grund hiervon liegt zu Tage. Es ist wohl nicht zu leugnen, dass jeder erwachsene Mensch, der sich nicht durch ein besonderes Nachdenken vom Gegentheil überzeugt hat, meint, seine Muttersprache habe er nicht erlernt, dieselbe sei ihm vielmehr angeboren. Ja, ich glaube, dass von den Gebildeten aller Nationen äusserst wenige es sich schon klar gemacht haben, eine wie enorm lange Zeit gerade zur Erlernung der Muttersprache erforderlich ist, bei welcher Anfangs Eltern, Dienstboten und Gespielen, später auch Lehrer der verschiedenartigsten Disciplinen den Unterricht ertheilen. Aehnlich geht es uns mit allem, was wir erlernt haben. Je geläufiger uns mit der Zeit eine Sache wird, desto mehr tritt in unserem

Gedächtniss die Schwierigkeit ihrer Erlernung in den Hintergrund. Das Auftreten derselben Erscheinung bei einem Lehrer der Chemie kann also nicht im entferntesten befremden. Ebenso wie die meisten Deutschen es nicht begreifen können, wenn man ihnen sagt, dass die Erlernung der deutschen Sprache eine sehr schwierige sei, so hält auch er die ihm seit lange geläufig gewordene Wissenschaft in allen Theilen für kinderleicht. — Der Diener eines grossen Bildhauers hatte eine Gesellschaft durch das Atelier seines Herrn zu führen. Eine Dame bemerkte, es müsse doch wohl recht schwer sein, solche Kunstwerke zu schaffen. Der Diener erwiederte lächelnd: „O, nein; für einen der es versteht, ist es ganz leicht."

Aber gesetzt auch von allen Unbegreiflichkeiten, die einem Lehrer der Chemie bei seinem ersten Studium dieser Wissenschaft entgegengetreten sind, hätte sich keine in seinem Gedächtniss verwischt, warum soll denn dem Schüler die Erlernung der Chemie leichter gemacht werden, als sie ehemals dem Lehrer gewesen ist?

Dennoch und trotz dieser auf der Hand liegenden Gründe konnte ich mich nie zu der Annahme entschliessen, dass vielen oder unter Umständen auch allen meinen Schülern der zum Begreifen der Chemie nothwendige Verstand a priori abginge. Ich hatte mir vielmehr in den Kopf gesetzt, es könne nur meine, des Lehrers, Schuld sein, wenn einem Schüler irgend eine Sache, die ich ihm klar gemacht zu haben glaubte, unverständlich geblieben war. So nahm denn das allerdings oft mühsame Suchen nach neuen Darlegungsweisen, wenn die früheren zu dem von mir gewünschten Ziele noch nicht geführt hatten, gar kein Ende. Herr Lexis müsste kein gutes Herz haben, wenn er mir nicht für die vielfache Plage, die mir aus meiner fixen Idee erwuchs, wenigstens sein Mitleid zollen wollte.

Ich kann indessen nicht in Abrede stellen, dass mein Bemühen auch manchmal eine Quelle kindlicher Freude war. Wenn in jedem neuen Semester die Beobachtung, die Erfahrung mich belehrt hatte, dass die klare Auffassung des Unterschiedes zwischen den Begriffen „Verbindung" und „Gemenge" auch den fähigsten Schülern die grössten Schwierigkeiten machte, und

wenn ich nun endlich nach manchem fruchtlosen Bemühen mir
sagen durfte, ich habe jene Schwierigkeiten überwunden, sollte
mir das nicht ein gewisses Vergnügen bereiten? Dieses Vergnügen war aber grösser als die Furcht vor der Gefahr, dass Leute
wie Herr Lexis meine Lehrmethode ganz komisch finden würden.
Auch mir steht, ebenso wie Herrn Lexis, die Würde der
Wissenschaft sehr hoch. Aber durch andere Mittel, wie er,
suche ich sie zu wahren, dadurch unter anderen, dass ich das
einmal Gesagte nicht wieder, sobald es mir beliebt, vergesse.
Zwei Beispiele mögen dies erläutern. In chemischen Lehrbüchern wird bei Gelegenheit der Darstellung des Fluorkiesels
gewöhnlich zuerst die Gleichung für diesen Process aufgestellt;
dann wird die Vorschrift hinzugefügt, man solle auf ein Theil
Flussspath 6 Theile Schwefelsäure verwenden. Diese Angaben
mache ich ebenfalls. Aber ich erinnere mich, dass der Schüler
früher gelernt hat, aus der Gleichung für einen Process die
Mengen der bei demselben zu verwendenden Körper zu berechnen, und ich setze voraus, dass diese Berechnung in jedem
einzelnen Falle auch wirklich gemacht werde. Ich erwarte,
vom Schüler darauf aufmerksam gemacht zu werden, dass nach
der Gleichung für die Darstellung des Fluorkiesels zu 1 Theil
Flussspath nicht 6, sondern nur 1⅓ Theile Schwefelsäure zu
nehmen sind. Das Ansinnen an den Schüler, in diesem Falle
aus der Gleichung die Mengen der anzuwendenden Körper
nicht zu berechnen, würde mich beschämen. Ich halte mich
deshalb für verpflichtet, dem Schüler die Gründe mitzutheilen,
die es nöthig machen, bei der Ausführung des in Rede stehenden Versuchs von dem berechneten Mengenverhältnisse des
Flussspaths und der Schwefelsäure abzuweichen. — Eine Verbindung definire ich als einen aus zwei verschiedenartigen
Körpern entstandenen neuen Körper. Hiernach ist auch eine
Auflösung eine Verbindung. Denn das Gemenge eines festen
und eines flüssigen Körpers ist ein- für allemal ein mehr oder
weniger dickflüssiger Brei. Wollte ich nun von den Schülern
verlangen, dass sie eine Auflösung für ein Gemenge halten
sollten, so würde ich hierin einen Verstoss gegen die Würde
der Wissenschaft sehen.

Noch auf einen neuen Einwand des Herrn Lexis bin ich gefasst, den ich indessen nicht für gewichtig halte. Er wird fragen: sollte nicht eine gefährliche Lockerung der Disciplin eintreten, wenn ein Schüler sein, des Herrn Lexis, Gefühl theilte und es komisch fände, dass ich beispielsweise die Entstehung von einem Atom Kohlenoxyd aus einem Atom Kohlenstoff und einem Atom Sauerstoff vergleiche mit der Vereinigung von einem Stock und einer Schnur zu einer Peitsche? (Die überwiegende Mehrzahl der Schüler erklärt sich immer dafür, dass aus einem Atom Kohlenstoff und einem Atom Sauerstoff zwei Atome Kohlenoxyd entstehen müssen, nicht aber eins.) Wegen dieser Besorgniss kann ich nun Herrn Lexis vollständig beruhigen. Vorgekommen ist mir der in Rede stehende Fall in meiner Lehrerpraxis nie. Ich will aber annehmen, er wäre einmal eingetreten. Nun, ich kann Herrn Lexis versichern, dass ich gerade genug Menschenkenntniss besitze, um aus dem Naserümpfen jenes Schülers einen sichern Schluss über seine Geistesrichtung im Allgemeinen und über sein Verhältniss zur Chemie insbesondere einen sichern Schluss zu ziehen. Auf diesen Schluss und auf meine früheren Erfahrungen über den Schüler mich stützend, würde ich ihm sagen: „Ihr Lachen ist mir sehr erklärlich. Sie haben längst hinreichend bewiesen, dass eine eigentlich wissenschaftliche Behandlung der Chemie Ihnen gänzlich fremd ist. Nehmen Sie einmal, bevor Sie wieder etwas komisch finden, mein Buch, von dem Sie bis jetzt nichts als einige wenige Paragraphenüberschriften gelesen haben, in die Hand, und studiren Sie die dort auseinander gesetzte Tragweite meines Vergleiches. Bis dahin kann Ihr Urtheil nur mein Mitleid erregen."

§ 11.
Zu weit gehende Gründlichkeit und Ausführlichkeit.

Wenn ich auch die Betrachtungen des vorigen Paragraphen in das heitere Gewand des Scherzes gekleidet habe, so muss ich doch gestehen, dass sie den Kernpunkt alles dessen bilden, was ich Herrn Lexis überhaupt entgegnen kann. Ein Lehrer der Chemie, dem bei seinem bisherigen Unterrichte in dieser Wissenschaft keine Schwierigkeit, keine Lücke, keine Inconsequenz, kein falscher Schluss unangenehm aufgefallen ist, kann mein Buch nur für ziemlich unnütz halten. Es muss ihm sogar missfallen, weil es in seiner ganzen Fassung von den bisherigen chemischen Lehrbüchern so vollständig verschieden ist. Für ihn haben meine zahlreichen Neuerungen eben keinen Sinn. Nach Erledigung der Hauptsache dürfte ich mir vielleicht erlauben, die ferneren meinem Buche gemachten Vorwürfe als unerheblich zu übergehen. Aber ich möchte dies nicht thun. Ich hatte während meiner Beschäftigung als Lehrer der Chemie eine Gewohnheit angenommen, deren ich mich auch hier nicht entschlagen möchte. Wenn ich in der Lage war, ein Examen vor Zeugen abzunehmen, besonders bei öffentlichen Prüfungen, hatte ich es mir zur Regel gemacht, die verschiedenen Schüler der Reihe nach zu fragen. Es geschah dies, um die dem Examen Beiwohnenden zu überzeugen, dass ich keinen Schüler von der Prüfung ausschloss. Nur auf diese Weise glaubte ich ein wahres Bild der von den Schülern gemachten Fortschritte entwerfen zu können. Eine ähnliche Sachlage scheint mir hier vorzuliegen. Wenn ich dem freundlichen Leser dieser Zeilen ein gegründetes Urtheil über den Werth oder Unwerth meines Buches verschaffen will, so meine ich keine der gegen dasselbe gemachten Ausstellungen unerwähnt lassen zu dürfen.

Herr Lexis sagt: „Nur finden wir die Gründlichkeit und Ausführlichkeit oft zu weit gehend." Zum Beweise hierfür theilt er mit, dass meine „Abhandlung über die Spritzflasche volle vier Seiten einnimmt," und dass „die Beschreibung der Anfertigung eines einfachen Filters eine ganze Seite in Anspruch nimmt." Nun erlaube ich mir, den Inhalt jener vier vollen Seiten etwas zu detailiren. Derselbe umfasst: den Unterschied zwischen Flaschen und Stehkolben; eine Angabe über das Zerspringen von Glasgefässen beim Erhitzen; den Zweck des starken Randes am Halse eines Stehkolbens; die Angabe, dass zu einer Spritzflasche, in welcher nicht Wasser erhitzt werden soll, am besten eine Gasentwicklungsflasche zu verwenden ist;

die Behandlung von Korken; ein Mittel, um einen auch noch nach dem Pressen zu dicken Kork passend zu machen; das Lochen von Korken vermittelst eines Korkbohrers und vermittelst einer Feile; das Zerschneiden von Glasröhren; eine nothwendige Vorsicht beim Zerschneiden dünnwandiger Glasröhren; das Biegen von Glasröhren vermittelst der Berzelius'schen Lampe oder über einer fächerförmigen Leuchtgasflamme; das Versehen einer Glasröhre mit einer engen Spitze; die Abrundung dieser Spitze; die Beschreibung der Spritzflasche; die Vermeidung des Zerbrechens einer Glasröhre, welche man durch einen Kork stecken will; die Untersuchung des luftdichten Verschlusses; die Erkennung kleiner Undichten; die Beseitigung derselben durch Eintauchen des Korkes in Wasser oder durch Umwickelung des Korkes mit einem feuchten Papierstreifen oder durch Verstopfen der Oeffnungen mit feuchtem Papier; den Gebrauch der Spritzflasche zur Erzielung eines feinen und eines dicken Wasserstrahls. Hätte Herr Lexis nur einen Satz oder nur ein Wort angedeutet, welches er in meinem Paragraphen für überflüssig hält, so wäre mir vielleicht eine Möglichkeit geblieben, mich vor ihm zu rechtfertigen. So aber muss ich mit stiller Duldung seinen Tadel über mich ergehen lassen. Wegen der ganzen Seite, die die Beschreibung der Anfertigung eines einfachen Filtrums in Anspruch nimmt, kann ich mich schon eher beruhigen. Wenn Berzelius dem Artikel „Filtriren" zwölf Seiten widmet, so kann meine eine Seite doch nicht so ganz horrend erscheinen. Uebrigens finden sich, wie ich nebenbei bemerke, auf den von Herrn Lexis urgirten fünf Seiten manche Angaben, die in keinem andern Lehrbuch der Chemie enthalten sind. Dieser Umstand wird wohl Herrn Lexis in der Eile entgangen sein.

Herr Lexis sagt weiter: „Die einfachsten stöchiometrischen Rechnungen werden in einer für Realschüler der obern Klassen doch wohl gänzlich unnöthigen Länge und Breite ausgeführt." Nun wird Herr Lexis zugeben müssen, dass mein Verfahren zur Lösung stöchiometrischer Aufgaben ein eigenthümliches, bisher nicht angewandtes ist. Auch wird er mir verzeihen, wenn ich meine Methode für mehr als andere geeignet halte, dem Schüler die Einsicht in das wahre Wesen dieser Aufgaben zu eröffnen. Ich kann doch nicht mein Buch muthwillig dadurch verschlechtern wollen, dass ich das, was mir zweckmässig scheint, durch etwas weniger Zweckmässiges ersetze. Er sagt ja selbst: „Vielleicht mögen auch die stöchiometrischen Gesetze auf diese Art dem Verständniss leichter zugänglich sein." Ist dem aber so, so war ich auch gezwungen, mein neues, auf das strengste aus der Athomtheorie sich ableitendes Verfahren auf verständliche Weise zu beschreiben; und ebenso wie oben muss ich bedauern, dass Herr Lexis nicht näher angegeben hat, welcher Theil meiner Darlegung ihm überflüssig erscheint.

Was übrigens die stöchiometrischen Aufgaben betrifft, so darf ich mir wohl die Bemerkung erlauben, dass ich in dieser Beziehung über das von anderen Lehrbüchern innegehaltene Maass weit hinaus gegangen bin. Ich habe sogar eine grosse Menge von Aufgaben in den Kreis meiner Betrachtungen gezogen, die bisher weder in Zeitschriften noch in Lehrbüchern behandelt worden sind. Sollte Herr Lexis dies etwa bezweifeln, so kann ihn ein Blick auf das Verzeichniss der stöchiometrischen Aufgaben am Eingange meines Buches von der Richtigkeit meiner Angabe überzeugen. Alle Aufgaben aber werden mit einem ausserordentlich geringen Aufwande numerischer Rechnung gelöst. Den Vorwurf zu grosser Gründlichkeit und Ausführlichkeit wiederholt Herr Lexis noch mit anderen Worten: „Ueberhaupt scheint der Verfasser der Initiative des Lehrers nichts überlassen zu wollen." Mit Freude muss ich es constatiren, dass hier zum erstenmale Herr Lexis meine Absicht vollkommen richtig aufgefasst hat. Ich erblicke aber in dieser Aeusserung des Herrn Lexis keinen Vorwurf, sondern eine grosse Schmeichelei.

In der Zeit, wo man in Deutschland anfing, die ersten Eisenbahnen zu bauen, erzählte man eine Geschichte, die ich nicht verbürgen kann. Die Leiter einer reichen norddeutschen Handelsstadt empfanden den Wunsch, ihre Heimath mit einem nahe gelegenen Punkte durch éine Eisenbahn zu verbinden. Man schickte einen Ingenieur aus, um das betreffende Terrain

zu untersuchen. Dieser berichtete bald, es sei auf der ganzen
Strecke weder zur Anlage eines Tunnels, noch zum Bau eines
Viaducts die geringste Möglichkeit vorhanden; unter diesen
Umständen könne er den Bau einer Eisenbahn nicht empfehlen.
Man stimmte dem zu, und die projectirte Bahn wurde nicht
ausgeführt.

Ich will nun einmal annehmen, es sei wirklich auf jener
Strecke der Bau von Tunneln und Viaducten erforderlich gewesen, die Eisenbahn sei ausgeführt worden, und man behaup-
tete dann, die Benutzung der Eisenbahn sei niemand anzurathen,
weil der Reisende gezwungen werde, auf einem ganz bestimmten Wege sein Ziel zu erreichen, und weil ihm somit jede
Initiative in Beziehung auf den einzuschlagenden Weg abge-
schnitten sei. Wenn heute Herr Lexis von dem Gebrauche
eines Lehrbuchs, welches der Initiative des Lehrers nichts
überlassen will, abrathen zu müssen glaubt, so finde ich, dass
diese beiden Fälle einander sehr ähnlich sind. Eine Unterbrechung des horizontalen Terrains, welche Tunnel und Viaduct
nöthig macht, und eine Lücke in dem gleichmässigen Gange
eines Lehrbuchs, welche den Lehrer zur Ergreifung seiner
eigenen Initiative zwingt, stehen nach meinem Urtheil ganz auf
derselben Stufe.

Einen Lehrer, der seinem Vortrage ein Buch zu Grunde
legt, vermag natürlich nichts zu hindern, den Verfasser des
Buches bei jeder Darlegung zu corrigiren, die er selbst meint,
besser geben zu können. Aber die Behauptung, dass ein
gutes Buch lückenhaft sein muss, verstehe ich wirklich
nicht. Sollten sich nicht vielleicht die in meinem Buche von
Herrn Lexis gewünschten Lücken durch Uebercleben mit Papier
herstellen lassen?

In ähnlicher und mir ebenso schmeichelhafter Weise, wie
Herr Lexis, drückt sich auch Herr Swt. (siehe oben § 4) aus.
Da jedoch seine Darlegung, wie mich dünkt, an einigen Lücken
leidet, und da es einmal meine schwache Seite ist, alle derartigen Lücken nach besten Kräften ausfüllen zu wollen, so
erlaube ich mir, das Urtheil des Herrn Swt. zunächst mit den

mir nothwendig erscheinenden Ergänzungen dem geneigten Leser dieser Zeilen vorzuführen. Um über den Werth eines Buches zu entscheiden, hat man zuerst den Plan des Ganzen und dann die Ausführung des Einzelnen der Prüfung zu unterwerfen. Was den Plan des Ganzen betrifft, so muss derselbe um so besser genannt werden, je mehr es gelungen ist, die betreffende Wissenschaft in ein System zu bringen, in welchem jedes Spätere auf dem Früheren fusst und ohne das Frühere nicht verstanden werden kann. Es würde zum Beispiel ein mathematisches Lehrbuch, welches dem Lehrer die Freiheit liesse, die verschiedenen Sätze in ganz beliebiger Reihenfolge, etwa den pythagoräischen Lehrsatz früher als die Congruenzsätze vorzutragen, unbedingt schlecht zu nennen sein. Mein Buch nun ist von der Beschaffenheit, dass es, wie ein mathematisches Lehrbuch, den Lehrer in ein ganz bestimmtes Schema hineindrängt; und so gewinnt man, wie jeder Einsichtige gern zugestehen wird, durch die stricte Beweisführung mehr als man bei dem Aufgeben einer durch den Mangel an stricter Beweisführung erkauften Freiheit verliert. Was ferner die Ausführung des Einzelnen betrifft, so ist diese von der Art, dass sie den mündlichen Vortrag des Lehrers eigentlich überflüssig macht. Der Lehrer braucht nur den Inhalt meines Buches vorzulesen oder vorlesen zu lassen und zugleich die im Buche beschriebenen Apparate und Experimente vorzuführen. Diese einfache Operation genügt, damit alle Schüler den ganzen Inhalt meines Buches mit vollkommener Klarheit auffassen und begreifen.

Ich kann jedoch Herrn Swt. versichern, dass meine Unbescheidenheit nicht gross genug ist, um ein so enormes Lob für verdient zu halten. So leicht, wie Herr Swt. meint, ist auch bei Benutzung meines Buches die Erlernung der Chemie noch lange nicht. Die irrige Meinung des Herrn Swt. beruht offenbar darauf, dass er zu den oben in § 10 besprochenen Chemikern gehört, die seit ihren Studienjahren die Schwierigkeiten des Studiums der Chemie vergessen haben. Auch mit einem weiter von Herrn Swt. gemachten Vorschlage kann ich mich nicht einverstanden erklären. Da nämlich nach seiner Meinung bei

Zugrundelegung meines Buches die klare Auffassung seines
gesammten Inhalts von Seiten der Schüler nur eine unglaublich
kurze Zeit in Anspruch nimmt, und da auch die Einprägung
des so klar Aufgefassten in das Gedächtniss der Schüler sehr
rasch vor sich gehen muss, so erwächst die Frage, was mit
der ganzen gewonnenen Zeit gemacht werden soll. Herr Swt.
meint nun, dass dieselbe am besten zum wörtlichen Auswendig-
lernen meines Buches zu benutzen sei.

Ich lasse nun die von mir interpretirte Stelle aus der
Recension des Herrn Swt. folgen. Sie heisst: „Denn soll das
Buch dem Lehrer als Leitfaden bei seinem Unterricht dienen,
so lässt es ihm nicht Spielraum genug für die mündliche Darstellung, weil es ihn in ein bestimmtes Schema hineindrängt;
soll es dem Schüler in die Hand gegeben werden, so macht es
den mündlichen Vortrag des Lehrers eigentlich überflüssig; es
bleibt letzterem nichts weiter übrig, als die im Buche beschriebenen Apparate und Experimente in dieser und keiner anderen
Weise vorzuführen oder ein auswendig gelerntes Pensum zu
überhören.‟

Diese Worte lauten freilich etwas anders wie meine Interpretation. Aber ich glaube, dass meine Interpretation nur in
Beziehung auf die Begründung, nicht aber in Beziehung auf
die Thatsachen von dem Urtheile des Herrn Swt. abweicht.

Wenig Vergnügen kann es einem fähigen Recensenten
machen, Gutes zu loben und Schlechtes zu tadeln, weil dazu
nur eine ganz geringe Quantität von gesundem Menschenver-
stand erforderlich ist. Aber das Gute so darzustellen, dass jeder
arglose Leser es sofort für ganz werthlos halten muss, das ist
eine Kunst; dazu ist Geschick und Gewandtheit erforderlich.

§ 12.
Inhaltsmenge meines Buchs.

Noch ein Vorwurf des Herrn Lexis, den ich als letzten
meiner Besprechung unterziehe, geht dahin, dass ich mich be-
gnüge, aus dem ungeheuren Material nur verhältnissmässig sehr
weniges hervorzuheben. Wollte Herr Lexis gerecht sein, so

durfte er nicht verschweigen, dass sich das „sehr wenige" nur auf die Anzahl der besprochenen Körper beziehen kann, dass dagegen mein Buch neben vielen aus Originalarbeiten, die bisher noch nicht in Lehrbücher übergegangen sind, geschöpften Angaben zahlreiche von mir selbst herrührende Beobachtungen, Definitionen, Gesetze, Experimentir- und Rechenvorschriften enthält. Zu einer Aufzählung aller hierher gehörigen Punkte würde ich mich um so weniger entschliessen können, als ich bei meiner Krankheit weder gehen noch auch lesen und schreiben kann, und mir deshalb historische Forschungen ausserordentliche Schwierigkeiten in den Weg legen würden.

Ueber diese Punkte muss ich mir erlauben, hier noch eine besondere Bemerkung zu machen. Ich hoffe dieselben sämmtlich in meinem Buche so verständlich dargelegt zu haben, dass ihre Auffassung einem vorurtheilsfreien Leser keine Schwierigkeiten bereiten wird. Weiter konnte ich in meinem ganz elementar gehaltenen Buche nicht gehen. Nun muss ich aber zugeben, dass unter meinen neuen Behauptungen manche enthalten sind, welche einem Leser gegenüber, der an den bisher angenommenen Ansichten festhält, einer ausführlicheren Begründung und umsichtigeren Vertheidigung gegen etwaige Einwürfe bedürfen. Diese Aufgabe musste ich mir für eine andere Zeit und für einen anderen Ort vorbehalten. So schrieb ich seit der Veröffentlichung meines Buches bis jetzt in Poggendorffs Annalen Band 122 über ein Kautschuckventil zum Ersatz der Sicherheitsröhre und über einen Apparat zur intermittirenden Entwicklung von Schwefelwasserstoffgas, ferner über die Theorie der Davy'schen Sicherheitslampe, ferner über die vortheilhafteste Reihe von Gewichtsstücken und deren Anwendung. Ferner wurden Herrn Professor Poggendorff im Februar dieses Jahres zwei Aufsätze, betitelt „über die Concentration der Luftarten" und „über Mohr's Hageltheorie" übergeben, von denen der erste soeben erschienen ist.

Mögen meine neuen Ansichten Beifall finden oder nicht, ich glaube versichern zu dürfen, dass ich keine derselben ohne reifliche Erwägung aufgestellt habe.

Inhalt.

Druck von E. Steinthal in Berlin.